俞姿婷，荀偉平——著

MULTILINGUAL PACKAGING

U0075127

因為實話太傷人，所以需要

語言包裝學

<-------------------------------

親式開場 × 敬慕式談話 × 邀請式收尾，空氣安靜也要處變不驚，莫讓冷場寒了眾人的心！

「不看你說什麼，只看你怎麼說！」

· 工作出色，卻總是得不到上司的提拔？　　　· 學識淵博，卻因不善言辭而導致無人賞識？
· 一心為家，卻不得家人理解，終日爭吵不休？　· 品行良好，卻無法三言兩語化解劍拔弩張局面？

有沒有想過，這一切可能都源自你那失敗的溝通方式？

目 錄

第 3 章　善於傾聽，撥開迷霧探內心

第 4 章　攻心為上，說服他人並不難

第 5 章　言簡意賅，一語中的顯幹練

第 6 章　嘴上抹蜜，良言一句三冬暖

第 7 章　詼諧幽默，妙趣橫生人人愛

第 8 章　三思後行，口無遮攔必惹禍

第 9 章　豐富細膩，肢語無聲勝有聲

第 10 章　注重細節，輕鬆贏得好人脈

前言

俗話說：一言之辯重於九鼎之寶，三寸之舌強於百萬之師。這句話說的就是人與人之間溝通的重要性。在這個人與人之間接觸越來越頻繁的時代，事業的成功、家庭的幸福、人生層次的提升都不能不借助溝通的力量。從一定程度上說，人生的豐富就是人緣的豐富，人生的成功就是人際溝通的成功。

有兩位退休的人是多年的同事加鄰居，因為各自不懂事的小孫子打架而產生了隔閡，互不說話、形同陌路。其中一位多次上門想化解，但都沒有什麼效果。這次他又上門了，對不肯和好的老人說：「我今年 62 歲了，你比我大 3 歲，65 了吧。記得我們那一批員工剛進廠時，20 出頭，多年輕！我們一起打籃球、摸魚，有一次去鄉下偷新鮮的玉米，結果被農民一陣猛追，我爬不上那個山坡，幸虧你在上面拉了我一把，要不然被抓住，說不定要挨揍呢。現在，當年那幫調皮的大家，有幾個都不在人世了，唉……我們也是半截身子入黃土了，還有多少年活呢？想一想，為了小孩們的那點小事生氣，真不值得呀。難道我們還要把這些不好的東西帶到墳墓裡去嗎？」

這番話娓娓道來，如微微的春風，似涓涓細水，溫暖與滋潤了老人的心田。有道是「通情達理」，兩顆心之間的情通了，理就自然達了。不出所料，聽了這番話後，兩位老人又和好如初了。這個世界最難征服的不是山峰，是人心。如果你學會了用溝通去征服人心，你將無所阻礙，無往不利。

著名作家蕭伯納說過：「假如你有一顆蘋果，我有一顆蘋果，彼此交換後，我們每人仍只有一顆蘋果。但是，如果你有一種思想，我有一種思

前言

想，那麼彼此交換後，我們每個人都有兩種思想。甚至，兩種思想發生碰撞，還可以產生出兩種思想之外的其他思想。」這就是溝通的效果。因為，任何一個人，他所掌握的知識和技能、他的直接經驗都是有限的，人要想適應無窮無盡不斷變化的外部世界，就必須憑藉溝通來獲得別人的寶貴經驗，溝通使我們無論在思想觀念上，還是在情感上都變得無限豐富。可以這樣說，無論你在工作中處於什麼樣的職位，無論你在生命中扮演著什麼樣的角色，在相應的人際互動中，溝通始終發揮著關鍵性的作用。

松下幸之助還說過：「過去是溝通，現在是溝通，未來還是溝通。」這足以說明，溝通永遠是不過時的，對於溝通的學習，學無止境。

如果你學識淵博，卻因不善言辭而致無人賞識；如果你工作出色，卻總是得不到上級的賞識和提升；如果你品德良好，卻無法三言兩語化解劍拔弩張的局面；如果你面對客戶一讓再讓，而對方始終不滿意；如果你一心為家，卻得不到家人的理解終日爭吵不休……那麼朋友，你是否想過，這些都是源自你溝通的失敗？！

一個善於溝通的人，能處理好與同事、上級、朋友、家人等各種複雜的社會關係，讓自己的一舉一動、一言一行都惹人喜愛，這樣不但事業上容易成功，而且會廣結人緣，收獲良好的人際關係。

本書以人際溝通為幹，以溝通的法則為枝，結合案例之葉，為讀者奉獻出一本賞心悅目的書籍。本書語言精錬、事例豐富、內容全面、形式靈活，讓你在輕鬆愉快的閱讀中，學習人際溝通的要點，領悟人際溝通的祕訣，從而使自己輕鬆成為一個有魅力、有影響力的溝通高手。

「世事洞明皆學問，人情練達即文章」願所有讀到本書的讀者朋友都能成為生活中的溝通高手。

編者

第 1 章
挖掘潛能，贏在溝通的起跑線上

詩壇豪傑李白在《將進酒》中有云：「天生我材必有用，千金散盡還復來。」普天之下的每一個人，不分胖瘦高矮、不管學歷高低、不論富貴貧賤，生來必有其用武之地！

生活是一種狀態，而它的狀態又取決於外在與內在的許多因素，當外在的因素激起人的鬥志時，他便勇往直前，無往而不勝，而這種成功的力量便是他自身蘊含的寶藏。每個人身上都埋藏著無盡的寶藏，人們發掘出這些寶藏，就好像挖到一個永不乾涸的水源，取之不盡，用之不竭。將這樣的狀態發揮到最大限度，就能改變自己的人生軌跡。

你有一千個理由羨慕別人的口才，更有一萬個理由成為能言善辯的溝通高手。每個人的潛能都是無限的，只要你掌握正確的方法，努力發掘自身的潛能，你就能比別人先行一步。

現在，正視自己，客觀評價自己的能力；認識自我，努力發掘自身的潛能，那麼，下一個成功的人就有可能是你。

成敗常在隻言片語間

有個人在家裡請客，約定的時間眼看就過了，可還有一大半的客人沒來。主人心裡很焦急，便說：「怎麼搞的，該來的人還不來？」一些敏感的客人聽到了，心想：「該來的沒來，那我們是不該來的囉？」於是便悄悄地走了。

主人一看走掉好幾位客人，心裡愈來愈著急了，便說：「怎麼這些不該走的人反倒走了呢？」剩下的客人一聽，又想：「走了的是不該走的，那我們這些沒走的倒是該走的了！」於是也都走了。

最後只剩下一位跟主人關係較親密的朋友，他看到這種尷尬的場面，就勸他說：「你說話前應該先考慮一下，否則話說出去了，就沒法收回來

了。」主人大喊冤枉，急忙解釋說：「可我說的不是他們啊！」這個朋友聽了，大為惱怒，說：「不是叫他們走，那就是叫我走了！」說完，頭也不回地離開了。

中國古代就有「一言能興邦，一言能喪國」、「一人之辯重九鼎之寶，三寸之舌強於百萬之師」這樣的名言，由此可見溝通的重要作用。現代社會競爭激烈，溝通能力已經成為人才競爭的重要特質之一，它是人們取得成功的基石，是邁向成功的第一步。

成功學大師卡內基（Dale Carnegie）說：「一個人的成功，85％靠人際關係；人際關係的成功，85％靠溝通。」事實正是如此，在人的一生中，事業要取得成功，85％歸因於與別人溝通，15％是來自於自己的能力。人是群居動物，人的成功只會來自於他所處的人群及所在的社會，我們只有在這個社會中靈活應變、遊刃有餘，才能為事業的發展開拓寬闊的道路。

在工作中，溝通可以使同事之間增加交流，縮短彼此的距離，提高工作效率。遇到問題時，員工透過相互之間的溝通，可以達到集思廣益的效果，充分發揮個人的能動性，為企業發展贏得強大的動力。

在生活中，人與人之間透過溝通可以建立相互信任、相互尊重的人際關係，這能為我們的成功奠定扎實的基礎。

只要你稍加留意，就會發現有一些人儘管學識淵博、工作出色，卻怎麼也得不到長官的賞識和升遷。究其原因，很重要的一點就是不善言辭。在今天這個開放的社會，人與人之間的溝通與交流變得日益重要。

古往今來，那些傑出的成功者大多是非常善於溝通的人。他們往往善於運用溝通來為自己贏得更大的發展空間，從而使自己擁有更多成功的籌碼。一個人要想取得成功，只靠專業能力顯然是不夠的，離開溝通這個有效途徑，成功便無從談起。只有進行卓有成效的溝通，才能獲得成功的資

本。在能力相當的情況下，一個溝通能力強的人自然會獲得更多的機會。

　　不要忘記我們生活在集體之中。不管到什麼時候，都離不開人與人之間的交往。溝通已經滲入我們生活和工作的各個角落。不善溝通或無效溝通是成功路上的最大障礙，會帶給我們的生活和工作極大的不便和困擾。

　　相傳，有一對父子冬天在鎮上賣便壺（俗稱夜壺）。父親在南街賣，兒子在北街賣。沒多久，兒子的地攤前就有了看貨的人，其中一個人看了一會，說道：「這便壺大了些。」兒子馬上接過話說：「大了好啊！裝的尿多。」人們聽了，覺得很刺耳，便扭頭離去。在南街的父親也遇到了顧客說便壺大的情況。當聽到一個老人自言自語說「這便壺大了些」後，父親馬上笑著輕聲地接了一句：「大是大了些，可您想想，冬天夜長啊！」老人聽後會意地點了點頭，繼而掏錢買走了便壺。

　　父子兩人在一個鎮上做同一種生意，結果卻迥異，原因就在於溝通能力的好壞。我們不能說兒子的話說得不對，但他的話說得太直接，粗俗得難以入耳，令人聽了很不舒服。雖然買便壺不俗不醜，但畢竟還有些私密的因素在其中。人們可以拿著臉盆、扁擔等東西大大方方地在街上走，但若拎個便壺走在街上，就多少會有些不自在了。此時，兒子直白的大實話會使顧客感到彆扭；而父親則算得上是一個高明的商人，他先贊同顧客的話「大是大了些」，以認同的態度拉近與顧客的距離，然後又以委婉的語氣說「冬天夜長啊」，這句看似離題的話說得實在是妙，它無絲毫強賣之嫌，卻又富於啟示性。其潛臺詞是：冬天天冷夜長，人們夜解次數多且怕冷不願意下床，大便壺正好派上用場。這設身處地的善意提醒，顧客不難明白。賣者說得在理，買者也就買得順心了。

　　兒子的一句話砸了生意，而父親的一句話賺了生意，這不正說明了成敗常在隻言片語間嗎？

妙語點睛

也許你學識淵博，也許能言善辯，也許談吐文雅，可是僅僅擁有這些，你也不一定會成為一個受歡迎的人。只有擁有良好的人際溝通能力，有一張四通八達的人脈關係網，才可能受到眾人的歡迎，進而獲得成功。

別讓羞怯搗住了你的嘴

有一位叫彼得森的醫生，是個熱心的棒球迷，他經常去看球員們練球。不久，他就和球員成了好朋友，並被邀請參加一次為球隊舉行的宴會。

在侍者送上咖啡與糖果之後，有幾位著名的賓客被請上臺說幾句話。在事先沒有通知的情況下，宴會主持人突然宣布：「今晚有一位醫學界的朋友在座，我特別請彼得森醫生上來為我們談談棒球隊員的健康問題。」

身為一位已從醫 30 餘年，有豐富衛生保健知識的醫師，按理說應對此類問題是小菜一碟。他可以坐在椅子上，就此話題和朋友侃侃而談一整晚。但是，要他當眾談論這個問題，就不是一件容易事了。這突如其來的問題令他不知所措、心跳加速、面紅耳赤、張口結舌。他一生中從未做過演講，而他腦海中關於這方面的記憶，已經全飛到不知哪去了。

結果宴會上的人全在鼓掌，大家都望著他，他卻搖搖頭，表示謝絕。但他這樣做反而引來了更熱烈的掌聲，人們紛紛要求他上臺演講。「彼得森醫生！請講！請講！」的呼聲愈來愈大，也愈來愈堅決。

他心情非常矛盾。他知道，如果他站起來演講一定會失敗，他甚至無法講出完整的五六個句子。因此他站起身來，一言不發，轉身背對著他的

朋友們，默默地走了出去。他深感難堪，更覺得是莫大的恥辱。

　　他不願再度陷入臉紅及啞口無言的困境，開始進行公開演說訓練。經過鍥而不捨地努力練習，進步如一日千里，緊張的情緒消失了，信心也愈來愈強。兩個月後，他甚至開始接受邀請，前往各地演講。他現在很喜歡演講的那份成就感以及榮譽，更喜歡從中結交更多的朋友。

　　然而，生活中也有一些人畏首畏尾，羞於當眾發言。在美國，有人曾進行大規模調查，問題是：「你最怕什麼？」答案很多，有人怕蛇、有人怕鬼、有人怕金剛、有人怕猛虎……居然有78%的人最怕當眾發言，而其他的「最怕」中沒有一項超過10%。人們坦然承認自己的羞怯：「我總是因為羞怯不敢在眾人面前說話，那會使我心跳加快，腦中一片空白……」

　　說話羞怯的人通常認為別人很勇敢，只有自己怯場。因此，他們總是責備自己：「為什麼只有我是這樣的呢？」其實，說話怯場的人非常多，絕非某個人特有的「專利」，只不過別人怯場時，你沒有在意罷了。

　　那些口才了得的主持人，其實也並非你所想像的那樣說話時毫無顧慮，他們也時常感覺到羞怯。據說，美國某播音員在播音之前要先到浴室洗澡，否則就會因羞怯而無法從容播音。

　　由此可見，與他人交談時心生羞怯是正常現象。在大庭廣眾之下自然、流暢地說話，對每個人來說都是一種挑戰。對於那些生性羞怯、不善言辭的人來說更是難上加難。

　　經常會有人自我解嘲地說：「我口才不好，不會說話。」其實，只要能克服羞怯這個障礙，每個人都能打開話匣子，侃侃而談。如果你總是壓抑自己，羞於當眾發言，就無法享受到說話的樂趣。

　　古希臘哲學家愛比克泰德（Epictetus）曾說過：「人不為外物所動，而為自己的認知所左右。」由於思維慣性，我們對外界事物的認知往往會

變得僵化。正所謂「一朝被蛇咬，十年怕草繩」。如果你曾經在跨欄比賽中摔過跤，就很可能再也不敢練習跨欄賽跑。這並不是因為你缺乏運動天賦，而是因為一次失敗誤導了你，成為你心裡的一個障礙。由此推知，如果你認為自己根本不擅長與別人打交道，很可能是由於在過去的交往過程中，你犯過小錯而給彼此帶來不快。這樣的失誤在你心中留下陰影，使你感到自卑、感到羞怯，這個心理障礙才是阻止你前進的最大頑石，而實際上你可能根本不缺乏與他人正常交往的能力和技巧。

人人羨慕那些口若懸河的人。其實，想達到這樣的境界並不是不可能的，勇於當眾發言，是擁有好口才的第一步，然後要做的就是不斷地練習。

開始說話的時候，你可能很害怕，可是一旦克服了說話的恐懼，再加上反覆的練習，你就能夠暢所欲言了。

卡內基訓練班的一個畢業生說：「開始說話前的兩分鐘，我寧可挨鞭子也不敢開口講話；可是一旦開口，臨結束前兩分鐘，我又寧可吃子彈也不願停下來。」卡內基的經驗證明，要取得這樣的效果並不是一件困難的事情，經過訓練，你一定可以做到。

說話是一門實踐的藝術，不進行實踐，你永遠也不可能會說話，更不要說獲得「絕妙口才」了。我們談話的場所有很多種，與人共進晚餐、上班時交談工作等，都是鍛鍊說話的好機會。平常說話輕而易舉，遵循一些簡單的規則你便能滔滔不絕。

妙語點睛

> 萬事起頭難。開始和人溝通時難免會羞怯，但你只要不斷地練習，一段時間後你就不再羞怯，甚至能夠侃侃而談了。

自信方顯「英雄」本色

蜚聲世界影壇的義大利著名電影明星蘇菲亞羅蘭（Sophia Loren）之所以能夠成為令世人矚目的超級影星，離不開她對自己價值的肯定以及自信心。

為了生存和對電影事業的熱愛，十六歲的羅蘭來到了羅馬，想在這裡涉足電影界。沒想到，第一次試鏡就失敗了，所有的攝影師都說她未達到美人標準，都認為她的鼻子和臀部不完美。沒辦法，導演卡洛龐蒂（Carlo Ponti）只好把她叫到辦公室，建議她把臀部和鼻子整一整。一般情況下，許多演員都會對導演言聽計從。可是，小小年紀的羅蘭卻非常有勇氣和主見，拒絕了對方的要求。她說：「我當然知道我的外形跟已經成名的那些女演員頗有不同，她們都相貌出眾，而我卻不是這樣。我的臉毛病太多，但這些毛病加在一起才更能突出我的特點。如果我的鼻子上有一個腫塊，我會毫不猶豫把它除掉。但是說我的鼻子太長，那是無道理的，我喜歡我的鼻子和臉本來的樣子。我要保持我的本色。」

正是由於羅蘭的自信，導演卡洛龐蒂重新審視了她，並真正認識了蘇菲亞羅蘭，開始了解她並且欣賞她。

羅蘭沒有為迎合別人而放棄自己的個性，沒有因為別人而喪失信心，所以她才能在電影中充分展示她與眾不同的美。而且，她獨特的外貌和熱情、開朗、奔放的氣質最終得到人們的認可。後來，她主演的影片《烽火母女淚》獲得了巨大成功，她也因此而榮獲了奧斯卡最佳女演員獎。

美國作家愛默生（Ralph Emerson）說過：「自信是成功的第一祕訣。」在與他人溝通時，你的自我感覺會很大地影響著別人如何看待你。如果你心裡都覺得自己不行，那麼你如何讓對方賞識你，與你繼續溝通下去

呢？所以說，培養自信是非常重要的，它會讓你在與人溝通的過程中受益無窮。

一個人沒有自信，那麼在溝通中別人在潛意識就會對你有所忽視，這樣不利於與他人建立良好、公平的人際關係。一個人如果沒有自信，那麼這個人言語的影響力就相對較弱，所要表達的思想就不會被有效地傳達，也不利於和他人進行有效的溝通。

一個人沒有自信，那麼他在別人心目中的分數就會大打折扣，因為大多數人還是喜歡和自信的人在一起。自信的老闆不喜歡唯唯諾諾的員工，因為他們無法提供不同的想法。

所以，我們在日常人際交往的過程中，要有成功溝通的信心，不要總是被溝通會失敗的擔憂所困擾。只有多與人溝通，才能增加與他人比較的機會，也才能發現自己的長處，從而有利於形成正確的自我認識與評價，增強自己的信心，克服自卑感。當然，自信不是盲目的妄自尊大，不是表演出來的，自信首先是建立在自我認知之上的。所謂的自我認知，就是對自己有一個明確的、實事求是的看法和評價。

拿破崙·希爾（Napoleon Hill）指出，有很多思路敏銳、天資較高的人，卻無法發揮他們的長處參與討論，並不是他們不想參與，而只是因為他們缺乏自信。

許多沉默寡言、不肯開口的人都認為：「我的意見可能沒有價值，如果說出來，別人可能會覺得很愚蠢，我最好什麼也不說。而且，其他人可能都比我懂得多，我並不想讓他們知道我是這麼無知。」這些人常常會對自己許下很渺茫的諾言：「等下一次再發言。」可是他們很清楚自己是無法實現這個諾言的。每次這些沉默寡言的人不開口時，他就又中了一次缺少信心的毒素，他就會愈來愈喪失自信。從積極的角度來看，如果盡量發言，

就會增加信心，下次也更容易發言。所以多發言是信心的「營養素」。

　　不論是參加什麼性質的活動，每次都要主動發言，可以是評論，也可以是建議或提問題，但不要沉默不語。而且，不要最後才發言，要做破冰船，第一個打破沉默。不要擔心自己會顯得很愚蠢，不會的，因為總會有人同意你的見解。所以不要再對自己說：「我懷疑我是否敢說出來。」你一定可以的！

　　英國前首相邱吉爾曾說過：「你能對著多少人當眾發言，你的事業就會有多大！」這句話已經成為商界經典之言。溝通是人與人之間思想和感情的傳遞和回饋，要以開放的姿態與人交流資訊，雙方需要積極主動，而自信無疑是最積極的態度了。自信的人言行舉止都會說話，每個小動作都在告訴對方「我可以」，而對方的敬重之心也會油然而生，這樣也彰顯了自己的「英雄」本色。

妙語點睛

> 「自信人生二百年，會當水擊三千里。」只要你充滿自信，你就會口若懸河，滔滔不絕；如果你缺乏自信，即使滿腹經綸，也會「茶壺裝餃子—倒不出來」。

好口才是練出來的

　　雅典的狄里斯在西歐被稱為「歷史性的雄辯家」。據說，他天生聲音低沉，且呼吸短促、口齒不清，旁人經常聽不清他在說些什麼。當時，在狄里斯的祖國雅典，政治糾紛嚴重，因此能言善辯的人格外引人注目，備受重視。儘管狄里斯知識淵博、思想深邃，十分擅長分析事理，能預見時代潮流

和歷史的發展趨勢，但是他認為自己缺乏說話技巧，容易被時代所淘汰。

於是，他經過了一番周密細緻的思考，準備好了精彩的演講內容，第一次走上演講臺。不幸的是，他遭到了慘重的失敗，他聲音低沉、肺活量不足、口齒不清，以至於聽眾無法聽清楚他所言何事、何物。但是，狄里斯並沒有因此而灰心，他反而比過去更努力地練習自己的演講能力。他每天跑到海邊去，對著浪花拍擊的岩石放聲呐喊；回到家中，又對著鏡子觀察自己說話的口型，做發聲練習，堅持不懈。狄里斯如此努力了好幾年，終於皇天不負有心人，在他再度上臺演說時，博得了眾人的喝彩與熱烈的掌聲，並一舉成名。

在與人交流的過程中，你要想取得良好的溝通效果就需要具備一定的口才。口才可以反映出一個人的思想、性格、氣質、修養等。口才在如今已經成為一種財富。擁有好口才，從小方面而言，可以使自己和身邊的人身心愉快；從大方面來看可以助自己的事業蒸蒸日上。口才不僅可以讓人們在溝通的過程中更好地展現自身的才能和價值，還可以幫助人們取得事業的成功。有句話說：「是人才未必有口才，有口才必定是人才。」由此可見口才的重要性。

沒有人天生就口才好、能言善辯，即使是令人欽佩的名嘴或演說家，也不是在任何場合說話都能贏得滿堂彩。說話和其他才能一樣，要日積月累，絕非一步登天。口才好的人也是在一次又一次的經驗中觀察聽眾，逐漸掌握技巧，不斷提升自己的說話能力的。說話是為了讓他人能了解自己，為了取得互信和互諒。如果你認為對方沒有了解你的意思，又不去花時間和心力與他交談，那麼這就表示你並不了解說話的功能。

好口才是練出的。那具體該怎麼做呢？可以從以下幾個方面加以訓練：

朗誦與模仿

口才並不是一種天賦的才能，而是需要經過刻苦鍛鍊才能得到的。古今中外那些能言善辯的演講家、雄辯家無不是經過勤學苦練取得成功的。

日本前首相田中角榮少年時曾患有口吃，為了克服口吃，他常常朗誦、慢讀課文，為了準確發音，他對著鏡子糾正嘴和舌根的部位，嚴肅認真，一絲不苟。美國前總統林肯為了練得好口才，常常徒步 15 公里到法院去聽律師們的辯護，看他們如何論辯，如何做手勢。他見到那些雲遊八方的福音傳教士揮舞手臂、聲震長空的布道，回來後他也學他們的樣子。他還對著樹、樹樁、成行的玉米練習演講。

勤奮刻苦

俗話說：「冰凍三尺，非一日之寒。」良好的口才不是一日就可以練成的，而是經過刻苦訓練才能得來的。演講成功的祕訣就在於「勤講多練」。因此，我們要想擁有良好的口才，就應該勤奮學習，不斷努力。

俗話說：「臺上一分鐘，臺下十年功。」任何光輝成就都是由辛勤的汗水換取的。從狄里斯的故事就可明白：只有刻苦勤奮、堅持不懈地努力練習，才會獲得令人驚奇和矚目的成功。因此，我們不應該放過任何一次當眾練習講話的機會。

掌握恰當的方法

運用科學的方法可以達到事半功倍的效果。掌握科學的方法並持之以恆，一定會練就出好口才。各人的資質、學識不同，方法也因人而異。

◆ **速讀法**：你可以選擇演講詞或是繞口令來作為速讀的內容。需要注意的是，你要在讀的過程中逐漸加快語速，直到達到你的最快速度為

止，同時保證語音準確，吐字清晰。這種方法皆在提高人的口齒伶俐程度。

◆ **複述法**：簡單來說，複述法就是你把別人剛說過的話重複敘述一遍。這種訓練口才的方法，旨在提高人的記憶力、反應能力、邏輯思維能力。

◆ **模仿法**：模仿的過程其實也是一個學習的過程。運用模仿的方法來訓練口才，需要注意模仿對象在溝通時的動作、語氣、表情等。

◆ **描述法**：描述法類似於看圖說話，我們在用這種方法鍛鍊口才時，可以將生活中的景、事、物、人用語言進行描述。描述法的關鍵是要求你自己去組織語言。它的訓練目的主要就是為了提高語言的組織能力和語言的條理性。

◆ **情景暗示法**：你可以想像自己是在一個大眾場合講話，然後你再根據這個場景來認真組織相關的語言。這樣的口才鍛鍊法有助於你在溝通時減少壓力。

總之，無論你是在大眾場合演講，還是與人聊天，或者參加談判，口才都是取勝的法寶。只要你掌握了以上這幾種方法，練就非凡的口才就不再是一件難事。

妙語點睛

> 只有刻苦勤奮、堅持不懈地努力訓練，才會獲得令人驚奇和矚目的口才。

悅耳之聲並非可遇而不可求

　　每個人都會說話，但說起話來使人感到悅耳動聽、具有穿透力卻不是件易事。說話的內容固然重要，但如何將所說的內容有效地表達出來，使對方欣然接受，是我們需要關注的。

　　當一些人講話時，我們會坐端正並注意傾聽 —— 他們的聲音厚重、威嚴而熱情；另一些人講話時，我們可能會心不在焉 —— 他們的聲音扁平單調，或者自以為是、華而不實。一些人聲音輕快，一些人聲音嚴厲，一些人聲音愉快，一些人聲音神祕。我們喜歡更多地聽到某些人的聲音，而不願再聽到另一些人的聲音。

　　我們的聲音不僅影響聽者的第一印象，而且也影響所收到資訊的最終品質。事實上，38%的聽者的第一印象基於我們聲音的表現力。

　　每個人都喜歡飽滿圓潤、悅耳動聽的聲音，而不願聽那種乾癟無力、沙啞乾澀的聲音。所以訓練出一副好嗓子，練就一腔悅耳動聽的聲音，是擁有絕妙口才的基礎。要想讓你的聲音像樂器一樣悅耳，就得有意練習自己的嗓子。練聲可以分為以下幾步：

▌第一步：練氣

　　「練聲先練氣」。只要有一些唱歌的基礎，就知道「氣」是發聲的動力這個道理。「氣」就像發動機，是發聲的基礎。「氣」的大小對發聲有直接的關係。氣不足，聲音微弱無力；氣過猛，聲音難以持久，並有損聲帶。所以練聲要先學會用氣。

　　首先是吸氣，基本要求是吸氣要深。吸氣時，小腹要盡量收縮，胸部要盡量撐開，這樣才有利於把更多的氣吸進體內。可以體會一下，如果突然一股香氣襲來，你是怎樣吸氣的，這就是深吸氣的基本要領。注意吸氣

時不要聳肩，如果一聳肩，胸腔的空間就會縮小，影響更多氣的吸入。

其次是呼氣，基本的要求是呼氣要慢。為什麼要讓氣慢慢地呼出呢？這是因為在演講、朗誦、辯論或說話的時候，需要較長的氣息，只有慢慢地呼氣，才能達到這個要求。練習呼氣基本要把兩齒合上，留一條小縫讓氣息慢慢地通過，不要張開大嘴，這樣就能讓呼氣的時間延長了。

練習吸氣、呼氣，可以每天到室外、公園等地方去練習，練習深呼吸，只要堅持下去，天長日久，定能見效。

第二步：練聲

語言的聲源是在聲帶上，也就是說，聲音是透過氣流震動聲帶而發出來的。所以，聲音的好壞與聲帶關係密切。

練發聲之前，應該先做一些準備工作。

首先是放鬆聲帶。讓一些輕緩的氣流通過，讓聲帶有所準備。接著發一些輕慢的聲音，不要一張口就大喊大叫，這樣會對聲帶產生破壞作用。這與激烈運動之前做些準備動作是一樣的道理，否則就容易使肌肉拉傷。

聲帶活動開了，還要做一些口腔的準備活動。口腔是人的一個重要的共鳴器，聲音是否洪亮、圓潤，與口腔有著直接的關係。

可以按下面的方法活動口腔：

張閉口的練習

這種練習能夠很好地活動咀嚼肌，也就是臉頰。經過這樣一番活動，到練聲時咀嚼肌運動起來就輕鬆自如了。

挺軟顎

學鴨子叫「嘎嘎」聲，你就知道什麼是「挺軟顎」了。

人體另一個重要的共鳴器是鼻腔。有的人發音時只會在喉嚨上使力，根本不知道在胸腔、鼻腔這兩個共鳴器上下工夫，所以這種人的聲音顯得很單薄，音色、音質都很差。他們只要一說話，不用多少時間，保證聲音就沙啞了。最根本的原因就是不會使用共鳴器以減輕聲帶的壓力。

練習鼻腔的共鳴方法，一般都是「學牛叫」。牛叫的聲音是「哞哞」，不斷地發「哞哞」的聲音，就可以達到訓練鼻腔的目的。值得注意的是，平時說話時，不要過多使用鼻腔共鳴，否則鼻音太重，影響說話的效果。

在練聲時，不要在早晨起床後就馬上到室外去練習，因為這樣會使聲帶受到損害。如果室外與室內溫差較大，更不能張口就喊。如果這樣，冷空氣很容易進入口腔刺激聲帶，對聲帶不利。

練習吐字

說到練習吐字，一般人認為這似乎離發聲遠了些，其實兩者息息相關。因為只有發音準確、清晰、圓潤，吐字才能「字正腔圓」。

我們在小學都學過注音符號，知道每個字都是由音節組成的，而一個音節可以分成字頭、字腹、字尾三部分。從語音結構劃分，這三部分大體上是：字頭就是聲母，字腹就是韻母，字尾就是韻尾。

練習吐字發聲，最重要的是咬住字頭。「咬字千斤重，聽者自動容」說的就是這個意思。所以，在練習發音時，一定要緊緊咬住字頭，這時嘴唇一定要有力，把發音的力量放在字頭上，利用字頭帶響字腹與字尾。

字腹的發音，口形要正確，字音要飽滿、充實。從感覺來看，發出的聲音應該是立著的，而不能是橫著的；發出的聲音應該是圓的，而不能是扁的。如果處理不好字腹的發音，就容易使發出的聲音扁、塌、不圓潤。

字尾的發音關鍵是歸音。歸就是回，所以歸音一定要到位，要完整。也就是說，不要念「半截字」，要把音發完整。字尾要能夠收住，不能把

音拖得過長。

如果你能夠按照以上方法進行練習，經過一段時間，你的吐字一定會圓潤、響亮，你的聲音就會變得悅耳動聽。

下面是一些類似的練習，你可以試著做：

◆ 吸一口氣，然後數數，看你能數多少；越多越好。

◆ 先跑 20 公尺左右，然後朗讀一段文章，要盡量避免喘氣聲。

◆ 按字正腔圓的要求讀下列成語：
英雄好漢兵強馬壯爭先恐後光明磊落深謀遠慮果實累累
五彩繽紛心明眼亮海市蜃樓優柔寡斷源遠流長山清水秀

◆ 繞口令：
「天珊上山採桑葚，邊採邊唱採桑歌；音聲入山引高僧，僧說此乃採茶歌。」

「和尚端湯上塔，塔滑湯灑湯燙塔；和尚端塔上湯，湯滑塔塔燙湯。」

「青葡萄，紫葡萄，青葡萄沒紫葡萄紫，吃葡萄不吐葡萄皮，不吃葡萄倒吐葡萄皮，若要不吃葡萄非吐皮，就得先吃葡萄不吐皮。」

總之，我們應該留心自己的說話方式 —— 聲音、音調、語氣、語速、吐字等，然後透過練習來完善。如果我們口齒清晰、表意清楚明白，別人會更願意傾聽我們的話。

妙語點睛

留心並練習聲音、節奏和說話的字眼等談話細節，打造完美悅耳的聲音，你就可能語驚四座，魅力四射。

豐富內涵，你也可以成為溝通高手

「工欲善其事，必先利其器。」一個胸無點墨的人，很難想像他如何與人對答如流。如果你擁有淵博的學識和豐富的生活體驗，那麼不同的場合，不同的話題你都能夠參與其中，而且能夠在交談中「如魚得水」。

如何才能讓自己擁有淵博的學識並將這些學識運用到談話當中去，使得自己的說話層次得到提高呢？其實，淵博的學識大都來源於書本和思考。一個人的博學，不在於知曉天下之事，而在於對天下事有自己的理解和看法。

古人云：「腹有詩書氣自華。」高爾基（Maxim Gorky）也說：「學問改變氣質。」由此可見，讀書是氣質、精神永存的源泉，也是與人交往所需話題的重要來源。

讀書是一件值得提倡的事，但是如果只有讀而不去實踐，就會使其變成毫無意義的死知識。所以，在與人交談前，必須要預備一些知識性的話題。無論這些話題的來源是生活還是書本，記住它們，然後將其輸入自己的大腦，再視時機或氣氛，適當地加以運用。美國總統林肯就使用這個方法獲得了驚人的成就。現在，就讓我們深入地學習林肯如何豐富自己的內涵的。

首先，我們可能會問，林肯是不是具有特別的語言天賦而成為天才的演講家呢？林肯的父親是個木匠，不識字；他的母親沒有特殊的學識、技能；林肯也沒有接受過專門的語言訓練。沒有資料證明老天垂愛林肯，給了他突出的語言天賦。林肯當選為國會議員之後，官方的記錄中用一句話來描述他所受的學校教育：「不完全。」父母沒有培養林肯特殊的才能，他所受的學校教育又「不完全」 —— 時間不超過兩個月，那麼，誰是他

的良師呢？

　　肯塔基森林內幾個巡迴小學教師，薩加林‧伯尼、卡里伯‧哈吉爾、亞吉爾‧都賽、安德魯‧克諾福，從一個拓荒者的屯墾區「巡迴」到另一個屯墾區，只要當地的拓荒者願意給他們火腿、玉米等食品，他們就教小孩子讀、寫、算等知識。林肯的啟蒙就是從這樣的巡迴教師身上開始的，可是林肯從這些老師的身上學到的東西也並不多；而日常環境對林肯的幫助也不大，他接觸的那些農夫、商人、律師、訴訟當事人，都沒有什麼特殊或神奇的語言才能。

　　那麼，林肯到底是靠什麼成功的呢？其實，林肯的口才是從書本裡學來的。林肯能夠很熟練地背誦整本的柏恩斯（Robert Burns）、拜倫（George Byron）、布朗寧（Elizabeth Browning）的詩集，還寫過一篇評論柏恩斯的演講稿。在他的辦公室裡，一直放著一本拜倫的詩集，在家裡也準備了一本拜倫的詩集。在辦公室的那一本拜倫詩集，因為經常翻閱，只要一拿起來，就會自動攤開在《唐璜》那一頁。

　　林肯入住白宮之後，「內戰」的負擔消耗了他大量的精力，他的臉上因此刻下深深的皺紋，可是他仍然在少許空閒的時間拿一本英國詩人胡德（Thomas Hood）的詩集躺在床上翻閱。有時候，在深夜醒來時，他也會隨手翻開這些詩集。如果湊巧發現自己特別喜歡的一些詩，他就會立刻起床，穿著睡衣，踩著拖鞋，悄悄找他的祕書，把一首又一首的詩念給祕書聽。

　　他在當總統的時候，經常抽空複習他早已看熟的莎士比亞名著，有時還發表一些言論，批評有的演員念錯了莎劇的臺詞，並且提出自己獨到的見解。

　　林肯愛詩讀詩，不僅在私底下背誦及朗誦，也經常公開背誦及朗誦，

有時甚至還試著寫詩。在妹妹的婚禮上，他曾朗誦自己的一首長詩。到了中年時期，林肯的筆記簿寫滿了自己的作品，可是他對這些詩作缺乏足夠的信心，甚至最好的朋友也不准翻閱。

羅賓森在《林肯的文學修養》一書中寫道：

「林肯這位自修成功的人物，用真正的文化素材把他的思想包裝起來，他簡直是一個天才。他的成就過程與艾默頓教授描述的文藝復興運動領導者之一的伊拉斯慕士（Erasmus）的教育情形幾乎是一樣的。林肯很早就離開了學校，他用一種獨特的方法來自己教育自己，並且最終獲得了成功，這個方法就是：永不停息地練習和研究。」

毋庸諱言，林肯不過是一位舉止笨拙的拓荒者。青年時代，他在印第安納州鴿子河的農場裡工作，一天只能得到三角一分的微薄薪資。可就是這樣一個人，在蓋茲堡發表了人類「有史以來最精彩的一篇演講」。由於這次演講，17萬大軍浴血奮戰，7,000人陣亡。

林肯死後，著名演講家薩姆納（Charles Sumner）說：「這次戰鬥的記憶從人們的大腦中慢慢消逝了，可是林肯的演講仍然活生生地印在人們的腦海中，而且，如果這次激烈戰鬥能夠再度被後人記起來，最主要的原因就是人們無法忘記林肯的這次演講。」

很有意思的是，在蓋茲堡戰役之後，著名政治家艾維萊特一口氣演講了兩個小時，可是他的話早已被人們遺忘，而林肯的演講不到兩分鐘——據說，有位攝影師企圖拍下他發表演講的照片，可是在攝影師架起那架老式的照相機並對準焦距之前，林肯的演講就已經結束了。

林肯在蓋茲堡演講的全文被刻在一塊不會腐爛的銅板上，陳列於牛津大學的圖書館，作為典範。學習演講的每一位人士，都應該好好地朗誦、背誦這篇不朽之作。

很多人認為，這篇演講稿結尾的那個不朽的句子是林肯的創造。其實，這些不朽的句子卻是林肯從先賢聖哲那裡學來的。

事情是這樣的：林肯當律師的時候，他有個朋友叫做赫恩登，在林肯發表蓋茲堡演講的幾年前，曾送他一本巴克爾的演講全集。林肯很認真地讀完了全書，並記下書中的這句話：「民主就是直接自治，由全民治理，屬於全體人民，由全體人民分享。」

而巴克爾的這句話很可能是從韋伯斯那裡借來的。韋伯斯在一封寫給海尼的復函中說：「民主政府是為人民而設立的，由人民組成的，對人民負有責任。」

韋伯斯的這句話則可能來自於門羅（James Monroe）總統。門羅總統在幾十年前發表過相同的看法。而門羅總統是從誰那裡借用來的呢？

在門羅出生的前 500 年，英國宗教改革家威克利夫（John Wycliffe）在《聖經》的英譯本前文中說：「這本《聖經》是為民有、民治、民享的政府而翻譯的。」

遠在威克利夫之前，在耶穌基督誕生的前 400 年，克萊翁向古雅典市民發表演講時，也曾談及「民有、民治及民享」。克萊翁究竟是從哪位祖先那裡獲得這個觀念的，那已是不能考證的古老往事了。

林肯是不是吸取了前人的經驗之談並不重要，而是他把這句話用在了最恰當的地方。

因此，如果你希望自己有內涵有修養，多讀書、細讀書，並且把書中的精華在實踐中不斷應用，你就能夠與時俱進。如果希望不斷地獲得更多的靈感，你就應該經常讓自己的頭腦接受洗禮。

妙語點睛

> 若想在講話的時候「觀古今於須臾，撫四海於一瞬」，旁徵博引、文思泉湧、見解獨到、出口成章⋯⋯那你必須擁有博學的知識。

測一測你是人際溝通的菜鳥嗎

　　我們的祖先不大重視甚至不大喜歡「能說會道」的人，那些很健談的人，常常被冠之以「誇誇其談」的帽子。如果一個人被公認為「誇誇其談」，那就不怎麼討人喜歡；如果一個人被公認為善於為自己辯護，那就沒有多少人願與之交往。相反，如果一個人沉默寡言，不苟言笑，這個人往往會受到讚賞。這個傳統的評價標準在人們心裡打下了深深的烙印。常常聽到有人說：「我這個人，笨嘴笨舌，不會說話。」似乎這並不是什麼缺點。然而，這是一種相當陳舊的見解。

　　現代社會更需要那種機敏靈活、能言善辯的人。羞怯拘謹、笨嘴笨舌的人，在現代社會很難成為出類拔萃的人才。有些人知識豐富，卻因為缺乏「嘴巴上的功夫」而不受歡迎；有些人專業程度很高，工作能力很強，表達能力卻很差，言談拘謹慌張，語言邏輯混亂，一講話就語無倫次，雖有豐富的經驗和獨到的見解，卻無法讓人明白。

　　如果你有決心提升自己的溝通能力，那麼請回想一下自己在日常生活中與人交際的情形，然後就下面的問題對自己進行一下測試：

　　請如實回答下列這 55 個問題，然後根據得分對自己進行評估。

　　評分方式為：

　　絕無此事＝1 分

偶爾為之＝ 2 分

通常如此＝ 3 分

大都如此＝ 4 分

絕無例外＝ 5 分

　　請依照評分方式記下你每個問題的得分，然後予以統計；在測驗結束之後可看到一張對照表，讓你了解自己究竟是不是人際溝通的菜鳥。

1. 我很清楚人生的意義以及畢生全力以赴的目標。

2. 我能列舉出截至目前的五個重大成就。

3. 我很明白自己的哪些專長和資源正是他人所迫切需要的。

4. 我已在心靈上做了充分的自我調適，揮別「跑單幫」的日子。

5. 我很清楚在人際交往中自己的優勢和劣勢。

6. 我平日會擬訂短期與長期奮鬥目標，並定期審視與修改以符合現狀。

7. 我可以列出一張「網狀圖」，顯示出我在這項資源上的多樣化方式與觸角縱深。

8. 我有本事以一種平易近人的方式來做自我介紹。

9. 在做自我介紹時，我的措辭總是簡潔得體、不卑不亢，且能引發對方的好奇心。

10. 我與眾人相處時非但沒有不自在的感覺，而且還能巧妙地打開話匣子。

11. 如果在大眾場合中發現與對方似曾相識，我會主動再做一次自我介紹。

12. 當對方在做自我介紹時（或經別人介紹），我一定會牢牢記住其姓名與長相。

13. 為了廣結善緣而需在某個社交場合做東，這可正是我的拿手好戲。

14. 為了替自己的事業擴展出路、打響知名度，我會很樂於站出來。

15. 在與每個人打交道時，無論其社會地位如何，我總是待之以禮。

16. 我的名片是經過精心設計的，能清楚地顯示出我的工作性質。

17. 無論在何時何地，我都會攜帶一疊數量充足的名片。

18. 在情況合宜時，我才會遞上名片。

19. 我在每一張所收到的名片上都會記錄下日期以及相關事項，便於日後整理與查核。

20. 我每天都會向他人說好幾次「謝謝」，也會有好幾個人跟我道謝。

21. 只要能給予我激勵或啟發，我都會誠摯地向那個人道謝，包括陌生人。

22. 為了避免人際關係之樹枯萎，我會不時打電話聯絡他人，用送小卡片或小禮物的方式來向對方表達感激之情。

23. 我有專用的信箋、卡片與便條紙。

24. 倘若有人善意地伸出援手或向我致謝，我將欣然接受。

25. 我已建立起一套有系統又管用的人際關係網，能夠隨時派上用場。

26. 我所收集的名片都經過系統化的整理，而且定期去更新資料。

27. 由於時間資源極為寶貴，因此我有一套相當有效的管理系統來監控。

28. 我每天都會詳細審視當日的工作進度表，逐一核對施行情況。

29. 我的原則是先解決眼前的問題，而不是盡量扔到工作記事本上，能拖則拖。

30. 所有的來電，我都會在 24 小時之內回覆。

31. 在拿起話筒之前，我會先思索一下待會要講些什麼。

32. 倘若對方提出的邀請（會見某人，或是參加某項社會活動等）將會消耗可觀的時間與精力，那我會予以婉拒。

33. 在參加每一項社交活動前，我都會妥善衡量，以便能把握住每一個擴

展人際關係與事業的良機。

34. 只要有需要，我會主動尋求他人的救援。

35. 在開口時，我都會簡單明瞭地陳述要求，而且不會展現一副咄咄逼人的姿態。

36. 在與朋友的交談中，我常會冒出這句：「對了，你認識的人當中，有哪個人……」

37. 對於別人提出的建議，我有雅量去虛心接納，即知即行。

38. 每次和朋友交談後，我都有種受益匪淺之感。

39. 我參與了若干同行、職業性社團或其他民間社團。

40. 我目前至少在一個上述的機構內擔任幹部或顧問的職位。

41. 我經常會受人所托，而我會利用我的人際關係網來處理這些委託事務。

42. 「舉頭三尺有神明，抬頭三尺有人際關係。」我會勤於把握每一個機會，讓走近我身旁的人都墜入我的人際關係網內。

43. 我會經常評估自己的人際關係網，不斷予以擴展。

44. 我對自己的直覺深信不疑。

45. 對於人際關係網中的每個盟友，我都會盡全力助他們有所發展。

46. 我能提供給朋友們一流的服務。

47. 朋友們都喜歡向我傾訴他們的心聲。

48. 無論我是本著何種目的去和別人打交道，他們都不難感受到我的高尚節操與專業素養。

49. 我能以敞開的胸襟去面對每個「結緣」的機會。

50. 我是公認的人際關係高手，擁有一套千錘百鍊的龐大「情報網」。

51. 我的人際關係網不僅造就了我自己，也成就了朋友，而且影響力相當

深遠，涉及生活面與事業面。

52. 我時時刻刻都會以這張人際關係網為念，悉心去照料它、灌溉它。

53. 提到「良好人際關係」，朋友就不禁要拿我當宣傳品。

54. 對我而言，這個世界還真是挺小的，只需一片人際關係網就可以「一網打盡」。

55. 毫無疑問，人際關係已深深影響到我的人生觀與生活狀態。

評估方式：先把總分算出來，然後睜大眼睛看清楚 ——

275 ～ 237：人際溝通至尊

236 ～ 200：人際溝通高手

199 ～ 164：人際溝通老手

163 ～ 128：人際關係菜鳥

127 ～ 92：膽小如鼠

91 ～ 55：「跑單幫」的

妙語點睛

真正的猛士，勇於直面慘澹的人生，勇於正視淋漓的鮮血。現在，我們也要正視自己的人際溝通能力測試結果，倘若測試結果不甚理想，你應該感到慶幸―及時發現自己的癥結，然後依照書中的指示改善。

第 2 章
談吐優雅，一見傾心有祕方

　　俗話說，萬事起頭難。然而萬事也只有開了頭才能有進一步的發展。人生是由無數個第一次組成的，所以在日常生活和工作中，總免不了同陌生人打交道。當你面對一個陌生人的時候，能否給人留下美好的第一印象，關鍵就是看初次見面時的談吐表現。

　　通常，人們總是傾向於以一種與當前的社會情境或人際背景相吻合的形象來展示自己，以確保他人對自己做出好的評價。這種表現包括語言和一些策略性行為，這些表現有助於我們在與人初次見面的短短幾秒鐘或幾分鐘內樹立良好的形象。

　　良好的第一印象是開啟溝通大門的鑰匙。談吐優雅、舉止從容，這樣的初次見面很容易討人喜歡，從而給人留下一個好印象。

　　然而，具體該怎麼進行印象管理也是有技巧的，我們需要考慮在特定情境中實施「討好」行為的道德因素及恰當程度。一旦印象管理策略實施不恰當，往往會使結果適得其反。

第一印象需留心

　　一個新聞系的畢業生正急於尋找工作。一天，他到某報社對總編說：「你們需要一個編輯嗎？」「不需要！」「那麼記者呢？」「不需要！」「那麼排字人員、校對人員呢？」「不，我們現在什麼空缺也沒有了。」「那麼，你們一定需要這個東西。」說著他從公事包中拿出一塊精緻的小牌子，上面寫著「額滿，暫不僱用」。總編看了看牌子，微笑著點了點頭，說：「如果你願意，可以到我們的廣告部工作。」這個大學生透過自己製作的牌子展示了自己的機智和樂觀，給總編留下了良好的「第一印象」，引起其興趣，從而為自己贏得了一份滿意的工作。

這種「第一印象」的微妙作用，在心理學上稱為初始效應。初始效應是指在初次與人交往時，人們常常會不自覺地根據自己的直覺來定位所交往的對象，並以此來判斷交往對象的性格、人品等，在頭腦中形成並占據著主導地位的效應。初始效應也叫首次效應、優先效應或第一印象效應。

初始效應最早由美國社會心理學家提出。概念來源於一個關於印象形成的實驗：讓受試者看寫有六個形容詞的牌子，內容是一樣的，只不過順序是顛倒的。第一張卡片上是：勤奮的、聰明的、衝動的、嫉妒的、愛批評的、頑固的。第二張卡片上是：頑固的、愛批評的、嫉妒的、衝動的、聰明的、勤奮的。實驗之後，兩種方式測試出來的結果是，大家都願意和第一張卡片上描繪的人交朋友，因為受試者覺得這樣的人更善於交際、更幽默和更能使人心情愉快。

另一位心理學家也曾做過同樣的實驗：他讓兩個人完成一組類似的任務，在同樣的條件下，甲在開始的幾個專案上完成得很成功，然後業績持續下降。乙則在開始的幾個專案上完成得糟糕，但後來業績穩定上升。甲和乙都做對了 30 個測試項目中的 15 個。然後心理學家找到一些人來預測甲和乙誰接下來的表現會更出色，結果大家在觀察了甲和乙的業績後，他們都預測下一個階段甲會做得比乙好，他們覺得甲很聰明，因為他開頭的業績比較好。

由此可見，在人際溝通和交往的過程中，第一印象對人際溝通和交往的成敗起著關鍵性的作用。與一個人初次會面 45 秒鐘內就能產生第一印象，而且這種先入為主的第一印象是鮮明的、強烈的、過目難忘的。那如何給別人留下一個良好的第一印象呢？

給對方留下良好的第一印象，是一個人綜合特質的體現，它主要包括：一個人的心態、外在形象、言行舉止等。

第 2 章　談吐優雅，一見傾心有祕方

　　一個人的心態決定著一個人的成敗，在人際溝通和交往過程中，也同樣如此。每個人都喜歡和積極樂觀的人交往，因為他們往往能帶給大家歡聲笑語，解除心中的鬱悶、疲勞，他們讓我們的生活充滿歡樂。相信每個人都不願意和孤僻、自傲的人交往，因為他們憂鬱的神情經常讓你臉上的微笑消失，和他們在一起你經常會有一種不安或恐懼感，因為他們只關注負面的東西，他們對生活充滿抱怨。

　　一個陽光的心態包括：積極向上，對生活充滿愛和具有感恩的心。只要心中有愛，世界每天都有陽光；只要你每天都有一張微笑的臉，那麼你周圍的人就會給你千萬個微笑；只要我們心中有愛，愛周邊的每一個人，那麼周邊的每一人都會是我們親密的朋友。

　　一個人的外在形象常常向人展示他是誰、他的自我感覺如何。在人際溝通和交往中，一個人的第一印象直接來源於外在形象，如儀表、服裝、飾物等。在交往中，對自己進行必要的、適當的形象設計是十分重要的一環。有的人懶得花時間去斟酌自己的服裝搭配。有時，他們一件外套一穿就是一個月，袖口和領子上積了一層厚厚的污垢，自己也習以為常，照樣穿著上街、逛商店、會朋友。當看到那些商學院的學生衣著隨便地進入教室時，有些教師心裡頗有微詞：這些人能成為我們明天的主管人員嗎？

　　在我們可以留給別人第一印象的所有因素中，最容易變化的是服飾，最講究技巧的也是服飾。得體的穿著與人本身的身材、年齡、性格相搭配，同時也講究與場合相搭配。根據自己生活和工作的需要巧妙地打扮自己，可以讓自己脫穎而出。

　　服飾是一種無聲的語言，傳達著一個人的個性、身分、涵養及其心理狀態等多種資訊，正如莎士比亞所說的：「服飾往往可以表現人格。」一個人穿戴什麼樣的服飾，直接關係到別人對他個人形象的評價。服飾穿著

要符合整潔大方、得體和諧的原則。

最後，千萬要留心你的言行舉止，文雅禮貌就是它的核心。一個文雅有禮的人很容易被別人認可、接受，這樣可以營造良好的溝通氛圍，也可以給別人帶來快樂，從而留下良好的第一印象。言行舉止的最高標準就是談吐優雅，優雅的談吐就像整潔的儀表，會使人覺得身心愉快。如果你能習慣運用高尚文雅的辭令，即使偶爾開個玩笑，說些俏皮話，對方仍舊能感受到你內在的涵養氣質，而樂於與你交談；相反的，如果你行為舉止粗魯，滿口粗話，則會讓對方認為和你談話是件辛苦的事，甚至是浪費時間。因此，平日應該練習談話的技巧和優雅的舉止，給對方留下良好的印象。

妙語點睛

> 我們每天都要和各種各樣的人打交道。與陌生人初識，第一印象至關重要。初次交往稍有不慎便會導致此次交往的失敗，甚至對此後的前途產生不良影響，因此要盡量塑造好第一印象，抓住人生的每個機會。

自我介紹有講究

當我們與不熟悉的人第一次見面時，彼此都有一種要了解對方的願望，都有一種渴望得到尊重的心理，因此自我介紹隨處可見。自我介紹是一種自我推銷的口頭表達方式，在社交活動中經常用到，它是我們在生活和工作中與陌生人打開交流之門的一把鑰匙。

必要的自我介紹應該做到兩點：第一是體現自己的價值觀，第二是

得到他人或團體的認可。因此，自我介紹這一程序是使自己融入社會的
關鍵。

　　自我介紹會對在社交活動中給人的第一印象產生微妙的影響。一次精
彩的自我介紹，往往能夠成為與人有效溝通的橋梁，我們對一個人的好
感、好印象，常常是從時機恰當、大方得體的自我介紹開始的，不管新朋
友、新同事還是新客戶皆是如此。如果能運用好自我介紹這把鑰匙，那麼
無論是在工作還是在人際交往中，你都能夠得心應手；反之，如果自我介
紹平淡無奇，不能給別人留下深刻印象，那麼你的交往活動也就意義不
大。與人交往時，不管你是主動自我介紹，還是經由他人代為介紹，都不
應該表現得太冷淡或者太隨便，因為讓人印象深刻的互相介紹是雙方正式
談話最為重要的一步。

　　儘管如此，我們有時還是會忽略自我介紹的技巧，心裡難免會認為：
「介紹別人我可能還需要琢磨，但介紹自己應該是張口即來的 ── 我難道
還不了解自己嗎？」

　　其實，很多不合適、不精彩的自我介紹，恰恰是因為不了解自己，導
致自我介紹的時機、內容和形式不盡如人意。因此好的自我介紹，是需要
一些技巧來輔助完成的。什麼時候需要自我介紹呢？我們所熟知的，包括
應徵新工作、開會發言、商業談判、演講辯論、參加聚會等。什麼場合需
要自我介紹呢？一般是有陌生人在場時，介紹自己方便大家認識。或者在
大型的比較正式的場合，介紹自己以表示對這個活動的重視和尊重。另外
一種場合，就是當別人忘記自己姓名的時候，及時的自我介紹是表達一種
體貼和友好的態度。自我介紹的場合要視情形而定，如果都是熟人，或在
十分熟悉的會議上，就不需要自我介紹了。

　　自我介紹是一種拉近雙方關係的語言藝術，這種藝術需要以真實誠

懇、熱心禮貌為基礎。進行介紹時，你的話語要能夠使人感覺親切，能夠給人留下深刻印象；同時，要善於把握每次自我介紹的時機。許多人，尤其是年輕人，在與人第一次見面進行自我介紹時，有的會感到畏怯緊張，有的會很隨意。例如，「您好，我叫楊光，今年剛畢業，很高興認識您」；「張總，您認識我的朋友李麗吧，她是一位廣告人」。這樣的介紹就太過普通，下次見面時對方也很難記住你的名字，更不知道你具體是做什麼的。所以，在做自我介紹時一定要掌握技巧，這樣才能讓別人記住你。

自我介紹不是簡單地自報姓名，從某種意義上講，自我介紹是已種學問和藝術，它需要掌握許多必要的技巧。

◆ **找準時機**：要抓住時機，在適當的場合進行自我介紹。應試求學時、在交往中與不認識的人相處時、有不相識者要求自己做自我介紹時、有求於人而對方對自己不甚了解或一無所知時、旅行途中與他人不期而遇並且有必要與之建立臨時接觸時，都要進行自我介紹。要在對方有空閒而且情緒較好又有興趣時進行介紹，這樣就不會打擾對方。
在聚會中，主人一般會先做自我介紹，因為他是整個聚會的焦點，有必要讓大家先認識一下。其他場合的自我介紹需遵循一個原則：地位低的人應先做介紹，以便讓地位高的人認識自己；相對年輕的人要主動向別人介紹自己，接下來長者再做自我介紹以回應。當然，在實際交往中，若你的地位比較高，但對方不太懂得禮儀，那麼也可先介紹自己，避免雙方尷尬。

◆ **把「我」說好**：自我介紹少不了說「我」，給別人留下怎樣的印象，關鍵就是看你如何把這個「我」字表達好。有人在自我介紹時每句話都有一個「我」字，聽眾怎麼會不反感呢？有的人說「我」時語氣特別重，語音有意拖長，似乎想要透過強調「我」來樹立自己的高大

形象；更有甚者說「我」時得意洋洋、咄咄逼人。這樣的人在自我介紹時不過是在孤芳自賞罷了，這樣做只會讓人認為他驕傲自大。

所以，在合適的時候平和地說出「我」字，目光親切、神態自然，才能讓他人感受到一個自信、自立而又自謙的好形象。

◆ **獨闢蹊徑**：通常情況下，自我介紹包括姓名、工作單位、職業、學歷、特長或興趣愛好等，但像這種千篇一律的自我介紹幾乎不能給人留下印象。

因此，要想讓別人記住你，自我介紹時就要與眾不同，以獨特的方式去介紹自己。在自我介紹時，盡量選擇使對方感到有意義又覺得順其自然的內容，採用生動活潑的語言把自己「推銷」給別人。

◆ **詳略得當**：在一些特定情況下，自我介紹的內容需要全面、詳盡，不僅要把姓名、身分、目的、要求講清楚，還要介紹自己的經歷、學歷、性格、專長以及興趣愛好。為了取得對方的信任，有時候應講一些具體事例。求職應徵時，就要做到這些。

另外，為了適應某種情境的需要，自我介紹有時不需要面面俱到，在自我介紹中運用「以點帶面」、「抓住一點不及其餘」的方法，反而能收到意想不到的效果。

◆ **巧妙注釋**：「自報家門」是自我介紹不可或缺的部分，為了讓對方準確聽清自己的名字，往往要對姓和名加以注釋，注釋得越巧，給人留下的印象就越深刻。對姓名的注釋不僅可以反映一個人的文化修養，而且能夠反映一個人的口才。

一個人的姓名，往往有著豐富的文化，或折射著凝重的史實，或反映時代的樂章，或寄託著父母的厚望。因此，推敲姓名能令人對你印象深刻，有時甚至會令人動情。

在與人溝通時要注意，自我介紹只是溝通的開始，做好自我介紹，僅僅是好的開始，要使溝通順利，談得有趣、談得投機，還要注意交流的態度。你的言行舉止都在向別人訴說著你究竟是怎樣一個人。在和陌生人或平時很少打交道的人交流時，應避免傲慢與偏見，尤其在最初的幾分鐘裡，一定要心平氣和、全神貫注、不失禮節地傾聽。只有這樣，才能給對方留下美好的第一印象，才能使接下來的交流順暢愉快。

妙語點睛

> 自我介紹態度要誠懇，表達要花樣新穎，這樣才能顯得有個性，從而給自己的形象加分。

閒聊也可化陌生為熟悉

閒聊，是我們社交中再常見不過的一件事了。最常見的事，往往最容易被忽略。有些人認為，人是因為無聊，所以閒聊，閒聊沒什麼講究，想什麼就說什麼，說到哪就算哪。懷著這種心態的人，很容易把閒聊變成無聊。其實，社交性質的活動，多半都是從閒聊開始的。有的人之所以能說會道、交際廣泛，就是因為他們具有一流的閒聊功夫。

事實上，閒聊是談話的開始。它會將談話不知不覺地過渡到真正的談話中。越精通閒聊的人，越能在談話開始後占據主動。

在看似不重要的閒聊當中，口才也發揮著非常重要的作用。那些柴米油鹽醬醋茶的「廢話」，看似沒有什麼意義，但只要閒聊得投機，就能拉近兩個人的距離。人們透過閒聊，在輕鬆的氣氛中加深對彼此的了解，由陌生變成了朋友。

第 2 章　談吐優雅，一見傾心有祕方

　　閒聊一般都沒有一個特定的話題，天馬行空，可以由美食購物聊到世界戰爭，可以從電影聊到原子彈。但是在尋找話題的時候，最好不要涉及政治與宗教信仰這兩個主題，因為這類話題最容易引起激烈的爭辯，而將原來的輕鬆場面一掃而空；最好談一些小的、不重要的事情。

　　人們在閒聊這件事上最容易犯的錯誤，就是一見面就從對方所從事的工作談起。我們總以為，和醫生談開刀、和運動員談打球、和商人談生意經是「天經地義」的事。殊不知，他們一年到頭做同樣的事情，已經夠煩的了，如果你在業餘時間或休閒時間還談及這類事情，很可能會讓對方心煩氣躁。美國前總統甘迺迪（Jack Kennedy）最討厭和別人談政治，可是偏偏許多人都找他談政治，還自以為此舉可以討好他。

　　那麼，到底應該談哪些事情呢？最好的辦法，就是經常閱讀報紙和雜誌，以增加各方面的常識。不然，除了「你好嗎？」、「今天天氣不錯啊！」之外，接下來你就不知道要聊些什麼了。

　　閒聊中不要當無「聊」分子，無「聊」分子在交際中是不受歡迎的；而那些口才高手則善於打破沉默、談笑風生、能帶動會場氣氛的人，走到哪裡都會受到大家的歡迎。這種人不會讓場面尷尬沉悶，他們懂得適時轉變話題，讓大家都有臺階下。

　　閒聊聊些什麼呢？平時除了你所關心、感興趣的話題之外，你要多儲備一些和別人閒談的資料。這些資料應輕鬆、有趣，容易引起別人的注意。例如，買東西上當、語言上的誤會，或是辦事搞了個烏龍等，這一類的話多數人都不會反感。如果把別人鬧的笑話拿來講，固然也可以得到同樣的效果，但對於那個鬧笑話的人就未免有點不尊重；講自己鬧過的笑話，開開自己的玩笑，除能夠博人一笑之外，還會使人覺得自己為人很隨和，很容易相處。

　　驚險的故事也是一個不錯的話題。特別是自己或朋友親身經歷的驚險故事，最能引起別人的注意。怎樣應付一些不平常的局面，怎樣機智地或是幸運地在間不容髮的時候死裡逃生，都是人們永遠不會漠視的題材。

　　未婚女人喜歡談論美容與購物，已婚女人則更願意談論兒童教育、夫婦之間怎樣相處、親友之間的交際應酬、家庭布置……

　　夏天談游泳，冬天談溜冰，其他如足球、羽毛球、籃球、乒乓球，都能引起人們普遍的興趣。興趣愛好方面像盆栽、集郵、釣魚、聽唱片、看戲，或是什麼地方可以吃到美味的菜餚、怎樣安排假期的節目……這些都是一般人很感興趣的話題。特別是有世界著名的音樂家來表演、足球隊前來比賽的時候，或是有特別賣座的好戲、好電影上映的時候，這些更是熱門的閒談資料。

　　另外，在一些工作應酬的場合下，也可使用閒聊來結識陌生人，從而擴大自己的人際圈。但是在不同的場合閒聊必須要掌握分寸。

　　在任何會議或商業聚會開始前或結束後的幾分鐘內可以閒聊。利用閒暇時機聽聽對方的看法和建議，有利於自己評估及最終調整行為方式，為進行成功的商業會晤做好準備，在會議期間能與他人建立起良好的關係。

　　在商業環境以外遇到商界同僚的時候可以閒聊，例如在雞尾酒會上或在某娛樂場所。若要充分利用這次社交偶遇，你就應對業務隻字不提。不要在社交和商業聚會上談業務，那樣有悖商業禮節。建立了連繫以後，就為以後在更恰當的時間和氛圍內進行實質性的商務談判打好了基礎。

　　在進行訪問前的階段，可以穿插一點閒聊，但不要時間過長。主要話題是受訪人較關注的問題，比如有關受訪人興趣、球賽、投資等內容，這樣輕鬆的聊天可以使談話的雙方有幾分鐘的時間互相適應，同時也適應環境，可以創造一種相互信任的氣氛，為切入正題做好準備。適當閒聊對溝

通關係有很大幫助，而且能使自己了解對方本身及其背景。季節、氣候、旅遊、熱門話題、流行趨勢是對對方不了解的時候比較好借用的話題。

　　在商務交友會或客戶的辦公室裡，要進行恰當的閒聊，就必須敏銳、善於觀察，可設法藉助辦公室的裝飾品來引起話題。此外，看看你能否在對方身上發現什麼可以用來引起閒聊的東西，諸如胸針、絲巾等。如果你注意到這些物品，並在閒聊中提及它們，那就表現出你想對其有更深入了解的意願，這有助於你引起對方的注意，建立關係。

　　即使不處在嚴肅的商業環境中，閒聊的藝術仍然是重要有益的。你在派對、體育賽事或在你孩子的活動節目中碰到的人，沒准有朝一日會對你的職業生涯起到至關重要的作用。

　　閒聊時，要盡量避免與對方進行私人話題的討論，避免與對方建立過密的個人關係，以免最終喪失了獨立性。另外，在任何場合下閒聊時，不要事事非問明白，問話適可而止，這樣他人才會樂意與你閒聊。

　　經常與他人閒聊，可以消除他人的戒備心理，使對方感到你平易近人，能較好地進行溝通。無論你想搭訕陌生人，或者初次見面出現冷場，又或者你只想打發時間，都可用閒聊的方式開始。

妙語點睛

> 閒聊是你與陌生人拉近距離、結交朋友的好方法。透過閒聊，兩個萍水相逢的陌生人便能很快成為朋友，甚至變成一生的知己。

莫讓冷場冷卻了你的心

在與人談話時，難免會遇到冷場的情況，與陌生人第一次見面更容易陷入尷尬的局面。如談至某一時段或某一話題時，雙方突然都靜了下來，話題進行不下去了。這種冷場有時候是因為一方對另一方說的內容根本不感興趣，有時候是因為一方說的意思和對方的理解有偏差。冷場的尷尬會讓人覺得不自在，也會冷卻彼此之間的好感，從而破壞了雙方的第一印象。

一男士向人際專家請教，他和女朋友感情很好，但是因為最近分居兩地，只能打電話連繫，但是每次打電話總是冷場。兩邊都保持靜默是一種很不好的感覺。他們的感情挺好，但是這種沉默使彼此之間沒有了安全感，好像因為分隔兩地感情就淡了。

這位朋友拿起電話不知道該說些什麼，一個話題說完緊接著就沒有了話題，這就出現了冷場。拿起電話聊天就是為了增進彼此之間的感情，如果出現冷場反而會起反作用。那麼，應如何避免呢？

◆ **少指責，多讚美**：在談話中，我們要避免對某事、某人做出情緒化的判斷，因為這些論斷會使對方覺得不舒服。談話中，不需要太多的判斷和批評，如果非要為對方提些意見或建議的話，最好以平和友好的態度說話，避免引起對方的反感，帶來冷場。人們通常都希望得到讚美、支持和表揚。讚美不是表面上的阿諛奉承、虛偽巴結，而是發自內心對於美好事物表示肯定的一種表達。即便一個人做錯事，他需要的也是別人的理解，而不是僵硬的指責和空泛的鼓勵。但注意不要虛偽地奉承，而是真誠地、實事求是地讚揚。讚美在談話中會營造和諧輕鬆的氣氛，避免冷場。

◆ **看對象，找話題**：談話中的冷場也可能是由於互相或某一方「聽不懂」造成的。我們在談話中要根據談話的對象選擇合適的話題。比如，我們較不適合和一個只有小學教育程度的人談柏拉圖（Plato）、亞里斯多德（Aristotle），也不宜和一位哲學教授閒談農業技術的話題。談話的主題要因人因時因地而異。我們要多花時間和精力了解對方想要進行的話題，不要不經過大腦開口就說。當然，沒有刻意準備的交流是日常生活的一部分，把這種需要應變的談話技巧訓練成自己的一種習慣性思維，會避免談話中冷場的出現。

一般的閒聊可以隨意些，可以聊些日常生活的瑣事，或說些笑話或講講自己身邊發生的事情，還可以把你新學會的一首歌唱給對方聽。仔細想想，還是有很多話題可以打破冷場的局面。

良好的溝通中，交流的雙方分別會擔任發送資訊者和接受資訊者的角色。交流是兩個人的事情，所以我們要主動承擔交流中的責任，避免冷場。

美國作家萊拉·朗德絲（Leil Lowndes）說：「永遠不要不讀報紙就出家門。」腦子裡沒有知識和資訊，跟人交談就難免會冷場。所以，多增加知識儲備、多了解社會資訊動態會為我們在談話中提供豐富的談資，減少冷場。

如果進行第一次交談時，聊了幾句就陷入冷寂或沉默，我們就要積極選擇恰當的話題繼續談話。如果你發現自己沒什麼話好說的時候，不妨從當天的新聞裡找找要聊的內容，比如國際局勢或你們所在地區的經濟狀況，或者是報紙的熱門報導，也可以從周圍的環境中找到一些要談論的話題，比如大廳的裝潢、房間的裝飾，這些都是不錯的選擇。

當你第一次和陌生人談話時，心裡會比較緊張。這時，你可以試著把

對方想像成自己的一個好朋友，然後放下心裡的不安，用友好溫和的態度和對方談話。

要避免冷場還要記得當某個話題無話可說時，我們一定要果斷地結束這個話題。換一個更有趣、積極的話題，但要注意以積極樂觀的主題開始，不要一開始就抱怨你的工作、老闆，人們一般不願意聽這些。話題可以是你的一次旅行、一些有趣的見聞等令人感興趣的事情。

談話中有時雖然很難找到共同的話題與人交談，但只要我們用心尋找，仍然可以使交流有效地開展。我們可以以天氣作為開場白，以「天氣真熱」、「好冷啊」、「今年的氣候怎樣啊」等開題；和上了年紀的人可以說說與健康有關的話題，聊些關於健康的新聞或食物，還可以談論些關於家庭的話題，談談與自己的兄弟姐妹或者父母的感情。另外，食衣住行都可以作為談論的話題，在出現冷場的時候作為談資。

在許多特殊場合，比如男女青年第一次見面時，由於是初次見面，彼此不了解，不知道該談些什麼，極易造成冷場；你被通知到應聘單位面試，和應徵者面對面交談時，如果你不懂說話技巧，也容易造成冷場；有時交流雙方有一個人性格內向、生性靦腆、沉默寡言，這樣即使另一個人滔滔不絕，但在得不到對方的回應時，也會出現冷場；還有的是雙方志趣不同，即使兩人都很擅長交談，如果說的「不合拍」，也難免會出現冷場……

那麼，我們應該如何在特殊場合避免冷場局面的出現呢？

第一，在和對方溝通之前，要蒐集對方的相關資訊。比如，對方的興趣愛好、對方的職業等。比如從事編輯的某女士與當老師的某男士第一次約會，女士就可以問男士具體教什麼課、一週要上多少節課，如此便可以避免冷場的尷尬了。

第二，善於察言觀色。如果是和陌生人交談，我們之前沒法掌握他的資訊，在這種情況下，我們就要察言觀色了，特別是剛開始溝通時，可以透過對方的話語來分析他的興趣愛好，得知他的興趣愛好後，我們就可以引導他談論更多的內容，冷場也就不會出現了。

對於談話中出現的冷場，我們要具體分析，及時尋找合適的話題，掌握談話的主動權，這樣才能促進溝通的順利進行。

妙語點睛

無話可說是溝通中的尷尬境地。話題是找出來的，只要你主動，冷場會很快化解。

巧妙設計開場白

我們生存在社會中，無可避免地要和一些陌生人打交道。初次見面的開場白很重要。好的開場白給人親熱、友善、貼心的感覺，能夠很快消除彼此間的陌生感，拉近彼此的距離。與人交往時，第一句話往往就能決定交談的深淺度。一句動聽的開場白，很可能是雙方成為無話不說的知己；一句不入耳的話，很可能破壞交談氣氛，失去結交朋友的機會。說好開場白至關重要，它是一把打開陌生人心扉的鑰匙，更是一張登堂入室的門票。

在一些場合，許多人我們從未謀面，初次見面，說話不能問個好就沒有回音了，這樣達不到社交的目的。說話就要懂得開好頭，開啟適當的話題，這樣才能打開局面。

最常用的方式就是攀認式，例如攀親友、攀同鄉等。生活在社會中，每個人都會有自己的關係網，只要彼此留意，就能夠發現雙方往往會有著

這樣或者那樣的交叉點，找到了交叉點，就能迅速消除陌生感。

攀親拉故就像是一把鑰匙，能打開兩個人之間溝通的那扇門，不止現代人如此，就連古人都善於運用這種方法來拉近兩個人之間的距離。

赤壁之戰中，魯肅見諸葛亮的開場白是：「我，子瑜友也。」子瑜，就是諸葛亮的哥哥諸葛瑾，他是魯肅的忘年之交。短短的一句話就拉近了魯肅跟諸葛亮之間的關係。

這種初次見面互相攀認式的談話方式，很容易搭起陌生人之間談話的橋梁，使人在短時間內產生一見如故的感覺，從而給對方留下良好的第一印象。

敬慕式的談話方法給人一種貼心的感覺。對陌生人的才華、能力表示敬重、仰慕，這是熱情有禮的表現。不過要注意拿捏分寸，敬慕要恰到好處，不能胡亂吹捧，否則會讓對方產生厭惡感。

「您的作品我曾拜讀過多次，從中學到了很多東西，可謂受益匪淺！沒想到今天竟能在這裡見到您，真是榮幸之至啊！」

「以前只在電視和雜誌上見到過您的美貌，今天能一睹您的芳容，真是明白了何為傾國傾城啊！」

真誠的問候給人一種親切、友善的感覺。問候是生活中不可或缺的要素，好的問候能快速拉近陌生人之間的距離。一句問候語往往包含了三層含義：我把尊重送給你；我把親切送給你；我十分珍惜我們之間的友誼。

「萬事起頭難」和陌生人交往時，說好第一句話也是一件不簡單的事情。這句話要傳遞出你的熱情、友善，並且能激起對方的談話興趣。這就為順利進行交流奠定了良好的基礎。

當然，說好第一句話，並不只局限於與陌生人的交往中，還要滲透到朋友、夫妻、親人交往之中，這樣可增進友情、鞏固愛情、溫暖親情。

　　幾乎每個人都喜歡別人看到並讚美自己的長處。那麼，初次見面交談時，我們應該投其所好，以直接或間接的方式指出對方的長處並讚揚一番，這樣的開場白能使對方高興，從而對你產生好感，進而激發交談的積極性；反之，倘若總是有意或無意地觸及對方的短處，傷及對方的自尊心，交談的效果便可想而知了。

　　被譽為「銷售權威」的霍依拉先生有自己獨特的交際訣竅：初次交談一定要揚人之長，避人之短。一次，為了拉廣告，他前去拜訪梅伊百貨公司總經理。寒暄之後，霍依拉突然開口問道：「您是在哪學會開飛機的？總經理居然能開飛機，可真不簡單啊。」話音剛落，總經理就興奮起來，談興大發，廣告之事當然不在話下，霍依拉還被總經理熱情地邀請去乘他的自備飛機呢！

　　俗話說：「酒逢知己千杯少，話不投機半句多。」有的人相處一輩子卻形同陌路，而有的人卻一見如故。好的開場白能夠使兩個萍水相逢的人在短暫的時間內達到心靈上的共鳴，從而把談話輕鬆愉快地進行下去。

妙語點睛

> 好的開端就是成功了一半，與人溝通的前幾句話甚至是第一句話，往往左右著最終的成敗。

你也可以魅力無窮

　　魅力是一個人內在氣質的表現。談話中的人格魅力，就是在語言交流中一個人的性格、氣質、能力等的個性化表現。在談話中盡情展現你的魅力，能夠贏得聽者的信賴與佩服。如果初次見面對方為你的魅力所傾

倒，感到意猶未盡，那麼他自然就會盼望第二次見面，這就是溝通的最高境界。

那麼，如何在初次交談中展現自己的魅力呢？

尊重不僅是一種禮貌，更是一個人的性格體現。一個懂得去尊重別人的人必定會得到信任，他人也樂於與你溝通。

傳說，有一天，蘇東坡與老和尚一起打禪。老和尚問蘇東坡：「你看我打禪像什麼？」蘇東坡想了一下，並沒有回答，同時反問老和尚：「那你看我打禪像什麼？」老和尚說：「你真像是一尊高貴的佛。」蘇東坡聽了這番話，心中暗暗高興。於是老和尚說：「換你說，你看我像什麼？」蘇東坡心裡想捉弄一下老和尚，便說：「我看你打禪像一堆牛糞。」老和尚聽完蘇東坡的話淡淡地一笑。蘇東坡高興地回家和小妹談論起這件事，小妹聽完後笑了出來。蘇東坡好奇地問：「有什麼可笑的？」蘇小妹斬釘截鐵地告訴蘇東坡，人家老和尚心中有佛，所以看你如佛；而你心中有糞，所以看人如糞。當你罵別人的同時，也是在罵自己。

這個饒有趣味的故事給我們的啟示是：從批評者的言行能看出其眼界和見識。人的心裡想些什麼，就會說出什麼樣的話，這正好反映出一個人為人處世的風範和內涵。一個人在罵人的同時也成為別人討厭的對象，用言語捉弄人，必定得不到對方的認同，也會失去別人的信任。而一個良好的溝通應建立在彼此尊重之上，這樣才能達到談話的成果。

溝通從「心」開始，你的真誠，能夠讓人放鬆戒備、收起冷漠。

豁達開朗可以展現自己的個性。一位老者在乘船時，聽一些旅遊者講起關於在魚肚子裡發現珍珠寶物的故事。出於興趣，他湊上前去語重心長地說：「我給你們講一個真實的故事吧。我年輕的時候，曾和一位漂亮的女導演談過戀愛，後來，我到國外留學，一去就是兩年，我和女導演的聯

絡因此也越來越少。在回國之前，我特意買了一枚鑽石戒指，準備給她一
個驚喜，然而半路上得知，一個月前，她已和某男影星結了婚。我一氣之
下把戒指扔進了大海。幾天後，我回到了國內，在一家餐廳喝悶酒，魚端
上來了，我心煩意亂地塞進嘴裡，剛咬了兩下，忽然咬到一個硬物。你們
猜，我吃到了什麼？」

「那枚戒指。」大家一齊說道。

「不！」老人詭祕地笑道，「是一塊魚骨頭。」

「哈哈……」人們被老者這突如其來的答話逗樂了，人群當中突然爆
發出爽朗的笑聲。現場氣氛也隨之活躍起來，眾人都為結識了這樣一位雖
然陌生但性格開朗的老人而感到高興。

豁達開朗，是一種樂觀積極的人生態度，在談話中傳達給聽者的是健
康向上的精神力量，人們從中不僅能獲得快樂，還能減輕某些方面的痛苦
和壓力，在贏得別人好感的同時又贏得了友誼。這正是談話的魅力所在。

寬容忍讓也能使你的魅力增值。寬容是生活中永不墜落的太陽，是獲
得友誼的靈丹妙藥。在與陌生人談話時，由於種種原因，難免會引起他人
的誤解。此時，如能保持寬容的心態，先從自身找毛病，再從長遠考慮問
題，待真相大白之時，誤解你的人就會向你投去欽佩的目光。

弗萊明是蘇格蘭一個窮苦的農民。有一天，他救起一個掉到深水溝裡
的孩子。第二天，弗萊明家門口來了一輛豪華的馬車，從馬車走下一位
氣質高雅的紳士。見到弗萊明，紳士說：「我是昨天被你救起的孩子的父
親，我今天特地過來向你表示感謝。」弗萊明回答：「我不能因救起你的
孩子就接受報酬。」

正在兩人說話之際，弗萊明的兒子從外面回來了。紳士問道：「他是
你的兒子嗎？」農民不無自豪地回答：「是。」紳士說：「我們訂立一個協

議，我帶走你的兒子，並讓他接受最好的教育，假如這個孩子能像你一樣真誠，那他將來一定會成為讓你自豪的人。」弗萊明答應簽下這個協議。數年後，他的兒子從聖瑪利亞醫學院畢業，發明了抗生素盤尼西林，一舉成為天下聞名的亞歷山大·弗萊明（Alexander Fleming）爵士。

有一年，紳士的兒子，也就是被弗萊明從深溝裡救起來的那個孩子染上了肺炎，是什麼將他從死亡的邊緣救了回來？是盤尼西林。那個氣質高雅的人是誰呢？他是「二戰」前英國上議院議員老邱吉爾（Randolph Churchill），紳士的兒子是誰呢？他是「二戰」時期英國首相邱吉爾。

真正打動人心的講話並不在於說得多麼流暢、多麼滔滔不絕，而在於是否真誠。最能推銷產品的人並不一定是口若懸河的人，而是善於表達真誠的人。如果你能夠用得體的話語表達出你的真誠，你就贏得了對方的信任，建立起人與人之間的信任關係，而對方也可能由於信任你，進而喜歡聽你說話，更進而喜歡你的產品。

談話要留有餘韻，不需要華麗的言辭，不需要花哨的技巧，只需要你盡情展現自己的魅力。對於每個人來說，只要你說出的話讓人回味無窮，你的魅力就會得以展現，他也會在不知不覺之中被你吸引，成為你的朋友。

妙語點睛

> 展現你的魅力並不是要你在別人面前故作姿態，或者壓抑自己，而是正視自己的不足，揚長避短。這樣你才會魅力四射。

交談結束時你該做什麼

　　在初次見面中，人們普遍比較重視開頭，萬事開頭難，而對於結束談話，人們往往不夠重視。話說完了，說聲「再見」就結束了。

　　其實，結束談話並非如此簡單。我們還得了解「新近效應」，與初始效應相反，新近效應是指當人們識記一系列事物時對末尾部分專案的記憶效果優於中間部分專案的現象。前後資訊間隔時間越長，新近效應越明顯。原因在於前面的資訊在記憶中逐漸模糊，從而使近期資訊在短時記憶中更為突出。

　　相對而言，在人和人交往的初期，也就是在彼此間還比較生疏的階段，初始效應的影響更重要；而在交往後期，即在彼此之間已較熟悉時，新近效應的影響則更重要一些。然而，在初次的人際溝通中，新近效應更容易讓人記憶持久深刻。因此，在初次見面與人溝通時既要重視好的開頭，又要重視好的結尾，不然頭開得再好也無濟於事。總之，第一次和陌生人交談，切忌虎頭蛇尾。

　　有些人天生反應就有些遲緩，一坐下來就忘記了時間，以至於打擾太久，浪費了主人寶貴的時間。這時有些人會直接下逐客令。有些人則修養甚佳，不好意思有所表示。不過，心裡的焦急總會在表情上或行動上表現出來，其中比較常見的一種表現就是主人偷偷地看錶，而這一點也是最容易讓人忽略的。

　　如果你在與人初識的時候，談話中發現對方瞄了一下鐘錶，就應該立即做好結束話題的準備，起身告辭，只有這樣才會給對方留下一個好印象；沒完沒了地說下去，對方會由不耐煩轉為厭惡，反而得不償失。

　　有些人頻頻看錶之後，發現對方依舊沒有告辭之意，這時就會直接問

對方：「現在幾點了？」如果對方仍然沒有意識到，他可能會說：「啊！已經十點了！」如果這樣說對方還不明白，那就真是個十分遲鈍的傢伙，你就可以對他下逐客令了！

如果在見面之初就說好結束的時間，也會給對方留下一個好印象。另外，在交談結束後，還要考慮運用能給對方留下深刻印象的告別語，而不是簡單的「再見」二字。

▌徵詢式收尾

交談結束前，你根據自己的「談話使命」綜合「交談情況」—— 即目的與交談後的吻合情況向對方徵求意見、說明、要求或建設性的忠告、勸誠等，這就是徵詢式收尾。

「第一次見面，沒有精心準備，如有冒犯之處，還望見諒！」

當你與下屬交談工作結束時，你應說：「你還有別的什麼要求和意見嗎？」

「你在生活上還有什麼困難和要求嗎？只要有可能，我們將盡力幫助你解決……」聽者也應同樣徵詢對方：「除了工作之外，你對我還有其他意見和看法嗎？如果現在想不起來，日後儘管提，我是不會計較別人對我提意見的方式的……」

在交談藝術中，徵詢式的收尾往往給人以謙遜大度、仔細周到和深沉老成的印象。運用徵詢式的收尾，對方聽了無疑有一種心悅誠服、倍感親切、心心相印的感覺，從而取得融洽關係、發展事業的良好效果。

▌道謝式收尾

道謝式收尾，在交談藝術中具有較強的禮節性，它的基本特徵是用講「客氣話」作為交談的結束語和告別話。道謝適用的場景和對象是最廣泛

的，無論是上下級、同事、親朋好友還是熟人、鄰居以及初交者之間都是適宜的。

如果一次同好式的思想啟迪交談行將結束，可用「聽君一席話，勝讀十年書」、「你對我學習上的幫助和生活上的關懷，我感激不已」、「送君千里，終有一別，謝謝你的盛情款待」、「在您的悉心指導下，我明白了自己的責任，我一定按您的指教去做。謝謝您了，再見！」結束。

▌祝願式收尾

這種收尾方式的特點是，不僅具有較強的禮節性和情趣性，而且還具有極大的鼓動力，如再加上適當的口語修辭，它的效果無疑會非常顯著。例如：

「再見吧，路上保重。祝你一帆風順！」

「祝您成功，恭候佳音！」

「時間不等人，生活就是奮鬥，抓緊時間，就等於延長生命。我想你是這樣一個人，再見！」

「一個偉大的男人就應該具有不凡的氣概。只有經得起磨難，才能砥礪出剛強的鋒芒……讓我們都成為這樣的男人吧！再見！」

結束交談的表達方法多種多樣，只要我們能夠駕馭情境，正確審視對象，選擇得當的話語，那麼，不僅會非常得體，而且還會餘韻猶存，感人至深。

▌邀請式收尾

邀請式收尾的基本特徵是運用社交手段向對方發出禮節性的邀請或正式邀請。前者的效用體現了「客套式」所需的禮儀，後者則表現了友誼的生命力。

如「客套式」邀請:「如果您下次路過這裡,請到我們家來做客。再見!」

如正式邀請:「今天我們就說到這裡吧,後天下午 5 點請你到我們家吃頓便飯,那時我們再詳談吧。再見!」

上述兩種邀請式收尾語,在社會交際中都是必不可少的。「客套式」邀請是一種禮節,正式邀請更是一種友好和友誼的表示。運用這種結束語,無疑是符合社交禮儀的。

最後,溝通結束後一定要注重禮儀。比如,到別人家裡去做客,說話的時候雖然十分愉快,可是告辭出來時,才剛剛跨出大門一步,就聽到身後的門被「砰」的一聲給關上了,相信無論是誰遇到這種情形,本來愉快的心情都會涼半截。也許對方是無意的,可是對於客人來說,心中總會有些猜疑,而原來暢談甚歡的會面也會因此而一筆勾銷。所以,道別時的印象可以左右整個會面的結果,是成是敗,最後一刻的表現顯得相當重要。

有個人曾經與一位女明星會面,那個人現在仍然對那個女明星念念不忘。這位女明星聰慧可人,固然是令人喜愛的原因,但是真正令這個人無法忘懷的,還是當他們道別時她對這個人說的話。當這個人起身告辭時,她誠懇地對那個人說:「今天聽到你的一席話,感到受益匪淺,這些意見或許在以後的工作中會對我有較大的幫助!」

女明星所說的這番話使那個人如沐春風、永生難忘。儘管後來沒有和她有第二次見面的機會,可這個人非常關心她的情況,就是由於她對這個人說了那番話的緣由。

這位女明星在面談的過程中給那個人留下了相當好的印象。如果她的表現只是到此為止,那麼這個人可能會在不久之後就忘掉了那個女明星,但是由於她在最後的一刻使用了加強印象的心理戰術,恰當地運用語言的

力量，給那個人留下了怎麼也忘不掉的深刻印象。這種做法並不一定有什麼特別的企圖，但是讓對方對自己更有好感，是有百利而無一害的事，何樂而不為呢？

所以說，在道別前一刻說出你對當天會面的感想，可能給對方留下深刻的印象，但是措詞要恰當，否則會抹殺原來的效果。你可以使用「絕對」、「非常」等一類有強調意義的句子來表達你的感受，這樣能夠使對方感覺到自己的重要性。

在談話過程中，如果不斷地誇獎對方，會被誤認為太阿諛，而最後道別時幾句讚美的話有時會收到意想不到的效果。

妙語點睛

能給對方留下深刻印象的告別語，會使對方感到意猶未盡，盼望再次和你交談。

第 3 章
善於傾聽，撥開迷霧探內心

常言道：「一雙靈敏的耳朵勝過十張能說會道的嘴巴。」只有善於傾聽的人才能受到歡迎。可惜的是，大多數人只顧自己滔滔不絕，不注意傾聽。一位心理學家曾說過，人跟人在講話時，表面上是你一句我一句，好像一個在說，一個在聽，但真相是，你在講時我卻沒有在聽，只是在想下一句我該怎麼說。如果我們只把心思用到自己如何去表達上，那麼我們就不懂得溝通的真諦。

聽，有時候比說更重要。善於傾聽，才能準確地把握對方的意圖，知道對方想要傳達的資訊和最終要達到的目的。這樣我們就會更加了解對方，也因此懂得了如何去迎合對方，從而消除彼此溝通的障礙。很多人找心理醫生，無非是想找一個能夠靜靜傾聽自己心聲的人。善於傾聽，不但能增添對方對你的好感，而且也是你窺探對方內心的一種途徑。

會說不如會聽

被譽為當今世界上最偉大的銷售員的喬‧吉拉德（Joe Girard）在回憶往事時，提到了他在一次推銷中遇到的事。當時，他與客戶談得十分順利，看形勢馬上就能簽約了，可就在這時，對方卻突然改了主意 —— 就這樣，煮熟的鴨子飛了。

當天晚上，按照客戶留下的位址，喬‧吉拉德找上門去請教客戶改主意的原因。客戶見他很誠懇，就如實相告：「你的失敗是由於你沒有自始至終地認真聽我講話。就在我準備簽約的時候，我提到了我的兒子就要上大學了，而且還提到他喜愛運動以及他的理想。我是以他為榮的，但是你當時卻沒有做出任何反應，而且還在用手機和別人通電話，這就是我改變主意的原因。」

　　這番話重重地提醒了喬‧吉拉德，使他領悟到傾聽的重要性，同時也使他意識到，如果無法自始至終地傾聽對方講話的內容，認同對方的感受，那麼就會失去溝通的意義。

　　很多時候，一提起溝通，我們的第一反應就是說什麼或者如何說服對方，其實溝通的基礎是聽。只有聽清、聽懂對方所講的話，才能真正理解對方的意思，只有充分理解了對方，才能獲得對方的理解。那什麼才是真正的「理解」？普遍意義上的理解是指主體對對象的客觀理解，但更進一步說，應該將理解視為主體與對象雙向互動的交流。這就意味著理解不再是一種主體針對對象單方面的投射，而是一種廣泛意義上的對話。而成功對話的前提就是相互傾聽。傾聽本身含有某種歸屬感，也就是歸屬於所聽到的東西；而對所聽到的東西的理解，已經包含著某種意義上的贊同。

　　因此，會說不如會聽。因為會說話的人給人聰明的印象，而善於傾聽的人雖然不像會說話的人那麼引人注意，卻給人親切的感覺，因此更具吸引力。人類的心理很奇妙，喜歡當聰明人，卻不喜歡與聰明人打交道，他們更願意接近那些親切又總是給人以關懷的人。

　　傾聽的重要性不止於此。醫生要傾聽病人的陳述，以了解病情對症下藥；企業主管要傾聽部屬的報告，以擬訂對策解決問題。人人都要學會傾聽，以便與別人溝通。

　　曾有人斷言：「不為任何讚美所迷惑的人，也會被專心聽他說話的人所迷惑。」最能給他人滿足感的，往往就是專心地傾聽他人的講話，而不是滔滔不絕地向對方灌輸你的高見。著名心理學家佛洛伊德（Sigmund Freud）說過：「人們都想談論自己的事情，希望別人來傾聽他們。這樣做，不僅能夠讓自己得到寬慰，甚至有時能夠救自己一命。」由此，佛洛伊德創立了「心理分析法」，傾聽患者講述內心的各種感受和經歷，自由

地表達自己的思想，因此他也開啟了心理學的新時代。

　　傾聽對方的談話能夠使對方感到滿足，他們的反應也是十分愉悅積極的，此時你所進行的說服往往容易取得成功。美國保險事業的鼻祖賓‧菲爾德曼便是運用傾聽的技巧來獲得成功的。一般的保險業務員的年營業額為 100 萬美元，而菲爾德曼的年營業額高達 6,500 萬美元，是普通業務員的 65 倍！關於自己的成功之道，他這樣說：「我只是對顧客的問題感興趣，作為他們的聽者，我是世界第一，我不惜用全部的身心去傾聽他們說話。」可見傾聽在社交中的巨大魅力。做一個好的聽者是你提高說服力、取得社交成功的一個重要途徑。

　　許多成功的企業家，他們都擁有出色的討價還價能力，他們的訣竅就是鼓勵別人多說，同時設法閉住自己的嘴。佛洛伊德說過，如果你能使別人談得足夠多，他就無法掩飾其真實的情感或真正的動機。如果你十分注意地聽，並對對方說的一切話中所隱含的意思保持警覺的話，你就能把握住對方的祕密。同樣，如果你不想讓別人知道自己的真實思想，如果你不想「顯示出你的優勢」，那麼最好守口如瓶。

　　傾聽是一種禮貌，是一種尊敬講話者的表現，是對講話者的一種高度的讚美，更是對講話者最好的恭維。傾聽能使對方喜歡你，信賴你。傾聽是一種美德，它是一種虛懷若谷的表現。他們的意見，你不見得個個都贊同，但有些看法和心得，一定是你不曾想過、考慮過的。廣納意見，將有助於你邁向成功。

妙語點睛

> 傾聽，是對說話者的無聲讚美和恭維；傾聽，可以找到一條通往說話者的心靈之路；傾聽，可以使人際溝通更有效更和諧。

放低姿態，才能聽到真話

　　玫琳凱‧艾施（Mary Kay Ash）是玫琳凱化妝品公司的創始人，也是美國最成功的企業界人士之一。如今，她的公司已擁有 20 萬員工，但她仍要求管理人員記住傾聽是最重要的事，而且每個員工都可以直接向她陳述困難。她會專門抽出時間來聆聽下屬的講述，並仔細地記錄。她對員工的意見和建議十分重視，會在規定的時間內給予答覆。這樣做的好處就是拉近了自己與員工之間的感情，傾訴者要求被重視的自尊心得到了滿足。在很多情況下，傾訴者的目的就是要「一吐為快」，或許他們並沒有更多的要求。日、英、美等國的一些知名企業的管理人員常常在工作之餘與下屬一起喝咖啡，就是讓下屬有一個傾訴的機會。

　　在暢銷書《反敗為勝：汽車巨人艾科卡自傳》中，艾科卡先生也曾對管理者的傾聽有過精闢的論述：「我只盼望能找到一所能夠教導人們怎樣聽別人說話的學院。畢竟，一位優秀的管理人員需要聽到的至少與他所需要說的一樣多，許多人無法理解溝通是雙方面的。」他認為管理者必須鼓勵人們積極貢獻，使他們發揮最大的幹勁。雖然你不可能接受每一項建議，但你必須對每一項建議做出反應，否則你將聽不到任何好的想法。

　　科學技術在飛速發展，社會化大生產的整體性、複雜性、多變性、競爭性，決定了領導者單槍匹馬是肯定不行的。面對紛繁複雜的競爭市場，依靠個人很難做出正確的判斷、制訂出有效的決定方案。因此，領導者必須放低姿態，虛心地向下屬請教意見，這樣他們才敢放心地說出真話。

　　放低姿態去傾聽，能及時發現他人的長處，並創造條件讓其積極性得以發揮作用。傾聽本身也是一種鼓勵方式，能提高對方的自信心，加深彼此的感情，因而激發了對方的工作熱情與負責精神。

第 3 章　善於傾聽，撥開迷霧探內心

古人云：「君子和而不同。」對於同一件事，不同的人會有不同的看法，但只要大家目標一致，相融相濟，去偽存真，求同存異，就能夠達到內部的和諧，最終對事物做出科學的判斷和正確的決策；相反，如果在任何事情上都只聽長官的要求，不願聽不同意見，大家不敢講真話，以口頭的意見一致掩蓋矛盾，這樣早晚要出問題。

有一則關於音樂家盧普（Radu Lupu）的故事：因為盧普已經是「大師」了，所以沒有人敢和他說什麼。盧普彈的一首樂曲，最後一個音符總是錯的，因為那個音符他看錯了，可是這一輩子都沒有人敢告訴他。這頂「大師」的桂冠，像一座嚴嚴實實的圍城，將「大師」與崇敬、愛戴他的人們毫不留情地隔離開來，令其咫尺天涯，讓「大師」再也聽不到真話，委實可悲。

「大師」為何聽不到真話？怕是消極的「權威效應」在作祟。因為「大師」本身就是權威的象徵。「大師」聽不到真話，成了孤家寡人，不僅是個人的悲哀，亦是藝術的悲哀。藝術之林，若失去了真話的土壤，真情、活力、靈感、創新、進步便蕩然無存，藝術之林也必枯竭而亡。

在工作和生活中，存在不同意見是很正常的。壓制不同意見，只會是死水一潭，充分傾聽不同意見，才能形成生動活潑的工作局面。況且，人無完人，發自內心的提示與指教是一種關心和愛護，同時也是一種難得的幫助。一個人長期聽不到上級的逆耳之言，就應該反省自己的工作能力；長期聽不到同級的逆耳之言，就應該反省自己的人際關係；長期聽不到下級的逆耳之言，就應該反省自己的工作作風；長期聽不到朋友的逆耳之言，就要反省自己的心胸氣度。

懂得放低姿態去傾聽的人最有可能做出正確的決策，獲得下屬的忠心和信賴，並且能夠把握別人可能會錯過的機會。

　　美國第十六任總統亞伯拉罕‧林肯出生於肯塔基州的貧苦農民家庭，先後當過伐木工、船工、店員、郵遞員。這些經歷使林肯對人民群眾寄予了深厚的感情，他喜歡經常走出辦公室到民眾中去。而他在白宮的辦公室，門也總是開著的，任何人想進來談談都是受歡迎的，林肯不管多忙也會接見來訪者。

　　林肯洗耳傾聽的「民意浴」，縮短了他與人民的距離，加深了彼此的感情，激發了人民參與國事的主動性和積極性。

　　要想聽到真話，我們首先要放低姿態，甘做學生；居高臨下，板起面孔，肯定聽不到真話。我們要多一點洗耳恭聽，少一點滔滔不絕。

妙語點睛

　　無論你是公司上層，或是政府官員，或是學校的老師，還是某領域的大師，如果想要聽到他人的真話，請放低姿態，細心傾聽。

用「心」傾聽

　　一個美國男人搭飛機回家過耶誕節，途中遭遇猛烈的暴風雪。飛機隨時可能墜毀，估計難逃噩運，因此他寫好了遺囑。結果，飛機在駕駛員高超技術的控制下安全著陸。他死裡逃生，歡天喜地回到家，興奮地把遇險後的心情講給妻子聽，但妻子卻只顧和孩子談論節日的事情。男人一直激動地在講述自己大難不死的危險經歷，妻子雖然在聽但並不專心，對男人的話反應很冷淡。男人死裡逃生的喜悅和被冷落的心情形成強烈的反差，最後他以強硬的態度跟妻子離了婚。

　　這個悲劇的發生，原因在於妻子沒有專心傾聽自己丈夫發自內心最真

摯的傾訴。當這位死裡逃生的男子向妻子講述自己的危險經歷時，他是希望妻子可以體會到自己的幸運和生命的珍貴，但妻子的敷衍讓他覺得自己的大難不死對妻子沒有任何意義，最終導致了他與妻子關係的破裂。傾聽不僅是對別人的尊重，也是對自己的尊重。

真正有效的聆聽，不僅僅是耳朵的簡單使用，而是和嘴巴、大腦有效的配合。尤其是嘴巴，因為很多人都認為當別人說話時，閉起嘴巴才是有禮貌的表現。

很多人把「聽」和「傾聽」混為一談，認為傾聽是與生俱來的能力。其實，「聽」主要是對聲波振動的接收，「傾聽」則是弄懂所聽到的內容的意義，它要求對聲音刺激給予注意、解釋和記憶。所以，傾聽不是單純的身體反應過程，它同時需要做理性和情感上的努力。要真正理解他人的話，就需要提問、需要回饋、需要保持話題、需要分清已說的和未說的，甚至也需要觀察和解讀他人的體態語言。馬修・麥凱（Matthew McKay）和瑪莎・戴維斯（Martha Davis）在他們合著的《如何交流》中說：「傾聽是一種確認和一種讚美。它確認了你對他人的理解，對他人如何感受、如何看待世界的一種理解。它也是一種讚美，因為它對別人『說』：『我對發生在你身上的一切表示關心，你的生活和你的經歷是重要的。』」

生活中，對於一些細微之處的專注與傾聽很重要。很多婚姻之所以會破裂，並非因為在一些重大事件上產生了分歧，相反，大多數家庭往往是由於一些小事而分崩離析的。這些小事不僅反映了夫妻間缺乏信任與理解，還反映了人與人缺乏相處要講究的最基本的尊重。

你不僅要做到專心聆聽，還要讓對方感受到你的這種專注，這樣效果才能更好。那麼，該怎麼表現出你的認真呢？傾聽時，你要善於在傾聽過程中傳達出「我正在努力傾聽，我對你的話很感興趣，把你想說的都說出

來吧！」之類的態度，並用表情、肢體動作、語言回饋給對方。要注意以下五方面：

◆ **飽滿的精神**：聽者飽滿的精神往往能激發談話者表達的慾望，活躍交流氣氛。而當你面對一位自始至終拉長著臉、面露苦相的仁兄時，所有的表達慾都將蕩然無存。

◆ **專注的精神**：集中注意力、目視對方，表示尊重和興趣十足方是正道。而搔首弄姿、眼光游離則表明你三心二意或是不屑一顧。

◆ **端正的姿態**：身體後仰，顯得輕慢；側轉頸脖，顯得傲氣；不停地扭動，表示不耐煩；背朝對方，意味不屑理睬；手托下巴，表明認真傾聽；微欠上身，標誌謙恭有禮；適當點頭，則表明尊重。但也不能頻頻頷首或不停地「嗯」、「啊」，否則對方會因感覺增加了你的負擔而不安起來，可能就不願意再繼續說下去而草草結束話題。

◆ **適當地回饋**：聽者的表情、眼神、動作、姿態應隨對方講話的喜怒哀樂而做出相應的變化，明確向對方表示「我正在認真地傾聽你的講話」。贊成時你就點點頭，感覺有趣時就報以微笑，感覺滑稽時就開懷大笑……如果你無動於衷、面無表情，誰還有談興呢？

◆ **恰當地插話**：當對方欲言又止時，你應透過適當的插話，鼓勵對方繼續下去。如「談談這件事好嗎」、「我很想聽聽你的意見」，這樣的插話向對方表明你非常樂意聽他的話，你對他的話題很有興趣。

妙語點睛

只有專注、耐心地聽別人的講話，你才能了解別人所要表達的意思。沒有聽清就發表意見或打斷是不尊重別人的表現，倘若自己的見解和對方的意思南轅北轍時，會引起更大的誤會。

兼聽則明，偏信則暗

唐太宗問宰相魏徵：「我作為一國之君，怎樣才能明辨是非，不受蒙蔽呢？」魏徵回答說：「作為國君，只聽一面之詞就會糊里糊塗，常常會做出錯誤的判斷。只有廣泛聽取意見，採納正確的主張，您才能不受欺騙，下邊的情況您也就了解得一清二楚了。」

從此，唐太宗很注意聽取下面的諫言，鼓勵大臣直言進諫。魏徵去世後，唐太宗悲痛地說：「用銅做鏡子，可以看出衣帽穿著是否整齊；用歷史做鏡子，可以明白各個朝代為什麼興起和沒落；用人做鏡子，可以清楚自己與別人的差距和得失。今天魏徵不在了，我真是失掉了一面好鏡子啊！」

成語「兼聽則明，偏信則暗」就是從魏徵勸太宗的話演變而來。唐太宗為了穩固他的統治，他告誡大臣：「君有違失，臣須直言。」正是在唐太宗的宣導下，魏徵才能做到犯顏直諫，也才能出現唐初那種君臣同舟共濟、兼聽納諫、廣開言路的政治局面。

可以說，鼓勵納諫、廣開言路是所有賢明的領導者的一致做法。千年之後，中國雖已更新換代，但那些開明君主的許多言行均已成為美談，並為後世相繼效法。今天，在競爭日益激烈的現代社會，如何讓自己脫穎而出，獲取更大的成功，能力故然十分重要，但是光憑一己之力是很難有所作為的，還得集思廣益，聽取不同的人的意見，這樣才能正確地做出判斷。

傾聽是我們接受資訊的主要途徑，可以幫助我們獲取有效資訊，了解事實。但是每個人的思想不一樣，對同一件事物的看法也不一樣，人們在抒發自己見解時往往帶有主觀情感。所以，如果我們完全相信某個人的話

語，則很可能影響自己的判斷，做出錯誤的決定。

對於企業的領導者來說，更應該兼聽。領導者雖然自己手中掌握著決策大權，然而一到關鍵時刻，要做出重大決定之時，往往有苦難言。舉目四望，周圍的人大多面帶微笑，齊聲稱好，沒有人說一個「不」字；而一旦出了問題，眾人皆作鳥獸散狀。因此，領導者做決定時，往往手中有權，心中無底。這時，他們就需要有見識的下屬提出反面意見，陳說利弊。

領導者要鼓勵下屬說真話，提意見，給他們暢所欲言的機會，這樣，自己才能吸納各方面的觀點，兼顧各方，做決策時就能使決策全面而又切實可行。

奇異公司是一個非常成功的企業，公司上級善於傾聽並採納員工提出的建議和意見。因此，員工勇於向能解決問題的人說出心中的話，與主管面對面地溝通。一次會議中，有一位員工說他在奇異公司工作 20 多年了，他很愛這個公司，也受到公司的多方肯定，但是他看到工廠中有一件蠢事，不得不提。

他的工作是操作工廠中一部高價值的機器，必須戴手套操作才行，在操作中手套很容易就損壞，須經常更換，而依工廠的規定，要申請一副手套，他必須請別人代班照顧機器，若沒人可代班就必須停機，然後走到另一幢大樓，去倉庫填表，找主管核定後，再送回倉庫，才可以領到一副新手套。依他的經驗，這個過程平均每次要花一個小時。

這位員工說：「不知為何工廠要這麼規定？」

總經理聽了他的問題深有同感，於是反問其他部門的主管：「為什麼會有這個規定？」

現場沉默了一段時間，才有人小聲地回答說：「我們曾經在 1979 年遭

失過一箱手套。」

　　總經理聽了之後立即下令：「將手套箱放置在靠近使用者的樓層中。」

　　在企業中，能解決日常工作上的問題的人，絕不是只有經理而已，有時反而是那些實際從事工作的人可以提出好的改革意見。每一位員工的意見都有其價值，關鍵在於主管能否傾聽他們的意見，並聽出價值來。

　　智者千慮，必有一失；愚者千慮，必有一得。再精明強幹的老闆，也難免有失誤的時候。如何廣泛聽取各方意見、集思廣益，從中得出正確的結論，獲取有益的資訊，是一個現代管理者必須具備的修養。

　　某作家說過「一個人知道自己的短處比知道自己的長處更為要緊」。無論在工作上，還是在生活中，我們考慮問題、做決策時，一方面努力做到不偏聽、偏信一方的言辭結論；另一方面要學會主動、積極地溝通。

　　那麼，我們怎樣才能做到兼聽則明呢？

　　首先，要不全信一家之言。單從一個角度看問題是不會了解全面的。所以我們要養成多聽的習慣，多聽以後要多思考，方可以對人或事做出正確的判斷和評價。

　　其次，了解說話人與談論對象的關係。如果兩個人之間有矛盾，那麼一個人在談及另一人時難免會有不滿之言，如果你不清楚他們之間的過節，肯定會對談論對象產生偏見。

妙語點睛

　　在下結論或做決定前，任何意見都不是多餘的。只有經得住反對意見的長矛的攻擊，你的結論與決定才會更加站得住腳。

聆聽弦外之音

我們都有耳朵，但是正確地聽懂對方所要表達的真實意思卻並非易事。要想聽出對方說話的弦外之音，需要生理、心理、精神三個層面都高度集中。

東方人普遍比較含蓄，特別是在說話的時候，表達自己的真實意圖往往不會直接說出來，而是迂迴委婉地道出。聽話者需要細心領悟與揣摩，否則會產生誤解。因此，我們只有細心琢磨對方的弦外之音，方能弄清對方的真實意圖。

比如夫妻之間，妻子週末要去商場買東西，她會這樣跟你說：「你週末有事嗎？我想去商場買些東西。」這時你要理解妻子的用意：她想讓你陪她一起去。你若把她的話扔在一邊，自顧自地說你自己的事情，她會很失望。

生活中有大量的話不用直接說出來，從話裡帶出來就行了，不能直言的意思更得靠暗示來表達。這就要求我們要善於聽出對方的話外之意，這樣才能更好地跟人溝通，在交流時才能更好地掌握對方的意圖。

在商場裡，有時為了達到壓價的目的，客戶會用一些不存在的「實事」來進行試探或脅迫，我們稱之為「偽理由」，這時候就得靠我們的鑑別能力了！比如對方會說：「在別的經銷商那裡也有同樣的商品，價格要便宜得多」、「產品是不錯，不過我們還要考慮考慮」或「還有幾家供應商也來找過我們」……

在與上級談話時更要注意，因為上級的語言常常需要仔細揣摩。

比如你剛到一家公司不久，長官找你談話：「你到公司還沒多久，工作成績不錯，以後有什麼打算呢？」很輕鬆的一句話卻含有特殊的意圖，

他是在考察你的工作心態。

　　你若坦率地說出自己的理想志向，長官會以為你過於幼稚而缺乏城府；你若大談與公司不相干的事業理想，長官會覺得你眼下只是把公司當成一個跳板，一旦有了機遇你就會遠走高飛，根本沒有為公司的長遠發展打算。

　　這時，你應該謹慎，不妨這樣回答：「我想就目前的工作先做一段時間再說，以後再做打算也不遲。」這種含蓄的回答是比較穩妥的。

　　有些弦外之音我們大家都心照不宣，但另外一些可能你不會太留心。可能正因為這些疏忽，影響了你的交際能力。所以，在與人交往中，要時時留心對方的言外之意。

　　如果對方是在炫耀他那光榮的過去，這時候你就要留心了，因為他心裡正在期待著你的誇獎，所以，只要是認為值得或應該誇獎的，你不妨誇獎他一下。當對方在顯示他的博學或機智的時候也是一樣，你也應該誇獎他，這樣你一定能獲得他的好感。

　　如果對方向你講述另外一個人的是非，你千萬不要隨聲附和，也不要直接打斷對方的話，你可以間接將話題引開。要懂得閒談莫論他人是非，更要聽出他人言語的暗含之意。對方向你說一個人的過錯，不是攻擊那個人，就是挑撥你與那人的關係，你要機靈一些，不要被對方的言語所蒙蔽。

　　談話當中，你要學會聽出譏諷、嘲笑、挖苦之類的特殊語言。對方之所以會向你說這種話，一定是因為對你感到不滿。遇到這種情況，你不要立刻反駁或一味生氣，最好拿出自己的宰相度量，全當沒聽見，以免與對方發生不必要的衝突。

　　下面一些情況，往往隱含著說話人的弦外之音：

- ◆ 當對方談話的語氣突然改變時。
- ◆ 當對方的個別音調加重時。
- ◆ 當對方故意做出暗示的肢體動作或特殊表情時。
- ◆ 當對方突然停止談話時。
- ◆ 當對方認真地看著你並將一句話重複說時。
- ◆ 談話結束時對方有特殊的舉止時。
- ◆ 對方想插話，欲言又止時。
- ◆ 當你不經意的言語引起對方注意時。

人的內心思想有時會在說話時不經意地流露出來。言談能告訴你一個人的地位、性格、特質及內心情緒，因此聽弦外之音是「察言」的關鍵所在。只有正確地「察言」，才能在和他人的交往中了解他們的想法，以便更好地溝通。

妙語點睛

> 人的內心思想有時會在說話時不經意地流露出來，只要我們細心觀察就能聽出對方的弦外之音。

必要時可以插插話

一天，曉莉遇到很多事，回到家一股腦地向丈夫傾訴起來：「我今天太倒楣了。去修車時，老闆說油箱有問題，要收 4,000 塊。我告訴他一定是弄錯了，我們買了保險，可他說保險裡沒這一條；修車員還調戲我，說什麼漂亮女人就是不懂車。這太侮辱人了！於是我就和他們吵了一架。」「他要收多少錢？」丈夫問。「你沒聽到我說的其他話嗎？」曉莉有些生

氣。因為她向丈夫抱怨的目的，是希望丈夫同情自己，而不是理性地分析孰對孰錯。

男性面對抱怨的第一反應是解決問題。男人若善於插嘴，情況就會改觀。比如曉莉說「要 4,000 塊」時，丈夫插話：「4,000 塊？太貴了，我們有保險。」「是。但老闆說沒這一條，修車員還調戲我，太侮辱人了。我就和他們吵了一架。」「保險沒有這一條？確實該和他們吵一架。別生氣了，為了這事不值得。」因此，有時候夫妻間透過這樣的插嘴，不僅會避免爭吵的發生，反而會使感情更加穩固。

雖然說打斷別人的話是一種不禮貌的行為，但是如果是「乒乓效應」則是例外。所謂的「乒乓效應」是指聽人說話的一方要適時提出許多切中要點的問題或發表一些意見感想，來回應對方的說法。還有一旦聽漏一些地方，或者是不懂的時候，要在對方的話暫時告一段落時，迅速地提出疑問。

恰當地把握插話的時機，也會使對方產生一種愉快的感覺，進而活躍交談的氣氛。可你的插話要是時機選擇不當，在對方講得正起勁時，你非要插進自認為十分必要的話，表面上看你是得到了發表高論的時機，實際上是失去了激勵別人發揮的機會。國外有位心理學家說：「如果一個人真想聽到完整的資訊，他就不會不斷插嘴。」因此，插話應該看準時機。

那麼，插話要掌握哪些技巧呢？

- **插話的頻率要適度，內容要有所選擇**：插話的頻率不宜太高，以防給對方造成心理上的壓力或打亂談話進程。插話的內容要有所選擇，可以對對方所說的話表示讚賞和認可，如「對！」、「有道理！」、「這觀點我同意。」
- **避免爭論**：即便對方的言論中，有很多不通的地方，甚至連整個話題都是非常無聊的，你也要先肯定你認為相對合理（對你而言並不一定

正確）的那部分，以免引起對方的反感而讓你無插話的機會。當你肯定的信號進入他的大腦之後，對方將會對你更加信任和友好。

- ◆ **選擇恰當的時機**：在適當的時機插話會收到良好的效果，插話時機不當還不如不插。最好在說話人將一層意思說完、話音落定之後再插話。不要在一句話中間插話，直接打斷了對方的話，這樣很不禮貌。打斷對方的思路也會令對方反感，效果可想而知。

- ◆ **及時做出自己的判斷**：可以及時就對方的觀點做出自己的判斷，簡明扼要地表達贊同、反對或做出補充說明等，讓整個談話過程呈現出互動性和有序性。比如，當對方急切地想讓你理解他的談話內容，並反覆雜亂地解釋時，你應該插一兩句話來概括他話中的含義，如「你想說的是這個意思吧……」、「我明白你的意思是指……」等，這樣既讓對方感到了你的誠意，又驗證了雙方的交流程度。

- ◆ **緊急救急法**：有時，對方說著說著，突然話語卡住，或一下子找不到合適的詞了。此時，你就可以幫他接下話尾，如「就這個觀點，現在是否還有新的說法……」、「當時在場的還有……」、「我覺得這個事情還有這樣一層道理在裡面……」等。

- ◆ **啟發引導**：可以對對方進行啟發引導，如「後來怎麼樣？」、「能舉個例子嗎？」、「這有什麼依據嗎？」等。

- ◆ **想好插話內容**：不要急於插話，要想清楚自己要說什麼，怎麼插話比較合適。即興插話，語無倫次地亂講一通，對方會很掃興；把話說到位，才能令對方信服。

- ◆ **看準插話的對象**：插話要看人，不要不看對象地亂插。朋友之間比較熟悉，不礙事；對待上級的講話就不能信口開河了，盡量少插為妙。不過事後你可將自己的意見透過合理的方式反應上去。一般上級不太

喜歡下屬在自己談話中亂插嘴。

◆ **調控全域法**：當對方偏離主題、信馬由韁地大侃特侃時，應善於運用插話的方式來調整談話的重心，使談話朝著有利於談話主題的方向發展。可以適時插進去，諸如「我想今天還是主要討論……」、「能不能就這個問題，我們再交換一下意見」之類的話。這種插話能使整個談話過程形散而神不散。

這些插話的技巧都有一個相同之處，那就是這些話的感情色彩都是中性的，既沒有對對方的談話內容及言論發表任何評判，也沒有對對方的情感做出是與非的表達。

適當地插話，或簡述你過去的同樣經驗，以印證說話者的觀點，或直接表達你對說話者觀點的理解、贊同，不僅可以讓某些事情有所轉機，更可以有效地促進人際溝通。

妙語點睛

插話時切忌把你的個人立場強加於他人，這是非常重要的。如果你超越了這個界限，就會陷入傾聽的盲點，使談話失去意義。

有些話可聽不可信

無論哪一個人，有時都會說或聽到一些冠冕堂皇的空話，如果你將這些話當真了，那就是很不明智的。

劉偉在一事業單位工作，十幾年都沒有升遷，於是透過朋友牽線，拜訪了一位負責調動的人事主管，希望能調到別的單位，因為他知道那個單位正好有一個空缺，而且他也符合條件。

那位主管表現得非常熱情，並且當面應允：「一定盡力辦到！」

劉偉興沖沖地回家等消息，誰知半個月、一個月、兩個月過去了，一點消息也沒有。給主管打電話，他不是不在，就是「正在開會」。問朋友，朋友告訴他，那個位置已經有人捷足先登了。他非常氣憤地問朋友：「那他又為什麼還對我說能辦到？」

這件事的真相是：那位主管說的只是「場面話」，而劉偉由於閱歷太少輕信了他的話。

「場面話」是人際交往中必需的應酬之一，而說「場面話」也是一種生存智慧，在社交中一些高手都懂得說，也習慣說。這不是錯，也不是欺騙，而是一種「需要」。

一般來說，「場面話」有以下幾種：

◆ **當面稱讚人的話**：諸如稱讚你的小孩可愛聰明、稱讚你的頭髮烏黑發亮、稱讚你教子有方……這種「場面話」有的是實情，有的則與事實有差距，但只要不太離譜，聽的人十有八九都會感到高興，而且旁邊人越多他往往越高興。

◆ **當面答應人的話**：諸如「沒問題」、「我肯定全力幫忙」、「有什麼事儘管來找我」等。說這種話有時是非說不行，因為對方運用人情壓力，當面拒絕會很難堪，而且會得罪人；若對方纏著不肯走，那更是麻煩，所以用「場面話」先抵擋一下，事後能幫忙就幫忙，幫不上忙或不願意幫忙再找理由，總之，有「緩兵之計」的作用。

所以，「場面話」想不說都不行，因為不說，會對你的人際關係有所影響。不過，千萬別相信「場面話」。

對於稱讚或恭維的「場面話」，你要保持冷靜和客觀，千萬別兩句話就樂昏了頭，因為那會影響你的自我評價。冷靜下來，反而可看出對方的

用心如何。

對於滿口答應的「場面話」，你要持保留態度，「姑且信之」以免希望越大失望也越大；要知道對方說的是不是「場面話」也不難，事後求證幾次，如果對方言辭閃爍，虛與委蛇，或避不見面，避談主題，那麼對方說的就肯定是「場面話」了。所以對這種「場面話」，一定要保持清醒的頭腦，採取必要的措施，否則可能會誤你的大事。

另外，「酒後話」也是一個讓人難分真假的難題。人們常說：「酒後吐真言」。這種情況當然存在，但是不可否認的是在更多情況下，由於酒精的作用，不少人酒後出狂言、酒後出讕言、酒後出胡言。對於酒後之言不可一概不信，更不可一概全信，而要認真分析，根據不同情況加以取捨；或者憑自己的判斷，去其虛偽，取其精實，這才是正確的辦法。

首先，我們必須認真觀察，仔細判別酒後說話之人醉到了一種什麼程度：事實上，醉酒的程度大體可以分成五個等級，即微醉、初醉、深醉、大醉、沉醉。

微醉的人理智依然十分清醒，所以其言談並未受到酒精的影響，思路也清晰，而有酒助興，神經只是略顯亢奮而已。此時，談話者一般表現為神采奕奕，談鋒頗健，而且思路清楚、邏輯嚴密，一些平時少言寡語、城府較深的人這時可能大異於平時。所以，可以認為這是聽話、交談的大好時機。但是也要記住，此時說話人醉酒極輕，思想活躍，完全能夠控制自己，所以不該把他所說的全都認為是「真言」，要知道，說不定由於他們此時思想活躍，反而在語言中運用了更多的技巧和隱語。因此，必要的去蕪存菁、去偽存真、由表及裡的功夫仍不可少。

初醉在醉酒程度上已較微醉更進一層。此時，說話人在思路上、交談的慾望上已出現不受主觀意志支配的現象。一般情況下，這也是「酒後吐

真言」的前期階段。

正因為如此，初醉者此時談話的特點是：或者滔滔不絕，不讓別人插言；或者神情激奮，表情認真；或者斬釘截鐵，一言九鼎；或者態度神祕，變幻莫測；或者思路靈活，大異往時，甚至語驚四座，極度坦誠。總之，此時由於酒精作用，大腦的活動已進入亢奮時期，在較大程度上不受日常習慣和顧慮的限制。雖然語言清晰、邏輯合理、情緒興奮、態度誠懇，但是卻已異於平時，再不受面子、環境、關係、禮俗等的約束。可以說，他已經到了道平時所不想道、說平時所不肯言，破除情面關係、掃除世俗障礙、據實陳述的地步了。

人到了大醉就已經開始失去理智，此時，人的思維已經紊亂，意識已經模糊，判定能力已經喪失。所以已經無法進行什麼有邏輯、有思想的談話了，從這種意識幾近模糊的談話中，已經很難獲得和了解話語的真實含義以及說話者的真實思想了。

人進入沉醉狀態時，正常意識已基本消失，大多沉沉入睡；即使未曾入睡，也已完全失態；即使尚能說話，也是語無倫次。既談不上什麼語言，更談不上傳達什麼思想和資訊了。

綜上所述，初醉乃是談話和聽話的黃金時機，所謂酒後吐真言者，當其時也。所以，在這種情況下，聽者應當集中精力，努力獲取資訊，切忌以酒後之言無足輕重而棄之。如果說話人已進人大醉的階段，此時之言多不足信，聽不聽兩可。

妙語點睛

> 傾聽時，你必須保持警覺，分辨真偽，「場面話」姑且當耳邊風，否則只會吃虧上當。

第 3 章　善於傾聽，撥開迷霧探內心

第 4 章
攻心為上，說服他人並不難

堡壘最容易從內部攻破。說服別人的策略是攻心為上。

古人云：「用兵之道，攻心為上，攻城為下；心戰為上，兵戰為下。」意思是說，從思想上瓦解敵人的鬥志為上策。

每個人心裡都有對事物的看法，只不過各人的看法存在某些差異。從心理學的角度來講，根據人的心理進行勸導、說服對方，才能真正讓別人認可你的觀點。但人的心理因素是複雜而細膩的，心理因素常常會受到情緒的影響。所以攻心也需要採用巧妙的方法，這樣才容易讓對方接受。真正的溝通高手靠的是攻心，他們往往能夠快速敏銳地覺察對方的意圖，懂得拿捏對方的心理，說服對方。有理並不能走遍天下，機智靈活、善於攻心才是說服的良策。

知己知彼，百戰不殆

戰國時期，秦國出兵急攻趙國，趙太后向齊國求救。齊國要求：「必須要長安君到齊國當人質，齊國才出兵。」太后不願意，大臣極力勸諫。太后公開告知左右近臣說：「誰要再說讓長安君為人質，老婦我一定唾在他的臉上。」

左師觸龍想見太后，太后滿臉怒氣等待著他。進門後他做出疾走的樣子，腳步卻慢慢向前走，到太后面前自我謝罪說：「老臣腳有毛病，不能快走，好久不見面了，卻擔心太后身體不適，所以想來看看太后。」太后說：「老婦依靠車輦行走。」觸龍問：「每天飲食還行嗎？」回答說：「能喝些粥。」觸龍說：「老臣如今特別不想吃，所以自己強行散步，每天三四里。稍微能增加點食欲，身體舒服些了。」太后說：「我做不到。」太后臉色緩和了些。

左師說：「老臣的小兒子舒祺沒啥出息。可我已經老了，很疼愛他，想讓他補個黑衣名額，以便在宮廷中做個衛士。冒死說給您聽。」太后說：「可以。多大年齡了？」「十五了。雖然年少，可我想在自己入土之前託付給您。」太后說：「男人也疼愛小兒子嗎？」回答說：「勝過婦人。」太后笑著說：「婦人更厲害。」觸龍說：「老臣以為老婦人愛燕后勝過長安君。」太后說：「你錯了，我沒有偏愛長安君。」左師公說：「父母愛惜自己的孩子，應該為他從長計議。老婦人送燕后時，握著她的腳，為她哭泣，惦念悲傷她遠嫁。走後，您不是不想念，可每到祭祀，總為她禱告：『不要讓她回來。』這難道不是為她的長遠考慮嗎？您希望她的子孫世世代代相繼為燕王嗎？」太后說：「是的。」

左師公說：「如今三代以前，趙立國的時候，趙國歷代國君的子孫受封為侯的人，後代繼承爵位的人，還有存在的嗎？」太后說：「沒有。」左師公說：「不只是趙國，其他諸侯受封爵位的子孫有在的嗎？」太后說：「老婦沒聽說過。」左師公說：「這就叫近了禍害自身，遠了禍害子孫，難道人主的子孫就一定不好嗎？地位高貴而沒有功勞，俸祿豐厚而沒有貢獻。如今老婦人賜長安君尊位，封給他肥沃的土地，賞給他寶物，還不如趁早讓他為國家立功，否則您一旦年老駕崩，長安君憑什麼在趙國立足呢？老臣以為您為長安君考慮得太短淺，所以給他的愛不如給燕后的多。」太后說：「行，那就聽你的吧。」於是趙國套車一百輛，派長安君到齊國當了人質，齊國立刻出兵幫助趙國。

古人云：「知己知彼，百戰不殆。」同樣，與人溝通先要了解他的基本情況，掌握其心理活動，以便對症下藥，採取有針對性的方法和手段。能夠一眼看透他人，看出對方內心的祕密和手裡的底牌，這樣才可以順利地說服他人。

　　與人交談時，如果只知道對方的觀點和態度，而不知道對方的心理──為什麼會有這樣的觀點和態度，溝通就只能停在表面。

　　了解別人的「心結」所在，不僅要獲得對方的回饋資訊，而且要對對方表現出某種反應的原因及含義做出準確無誤的判斷。否則，雙方就無法進行有效的交流。有的放矢，這一點在說服中尤其重要。

　　「知己知彼，百戰不殆」這句老話是很有道理的。觸龍是如何攻心的呢？

先言其他，投其所好

　　當時觸龍是深知趙太后的心思的，對於在氣頭上的趙太后如果直言此事必然被趙太后唾罵。不如先言其他，稱自己腳有疾並說些日常生活瑣事。

　　讓趙太后消除防備的心理，這種話家常的方式更能讓氣頭上的趙太后接受，這也能使談話更進一步，以尋找達到說服目的的機會。

推己及人，委婉勸說

　　可以說有了第一步的成功，往後就順利多了。當觸龍說到自己兒子時，也流露出自己對兒子的期望與關愛，並向趙太后推薦他在王宮裡當個衛士。當然趙太后是一口答應，當問及觸龍也愛自己的小兒子時，觸龍看出機會來了，便抓住這一時機，說出了自己的想法，表明自己疼愛小兒子比女人更甚，趙太后卻不以為然。觸龍由此說到：「我認為您對燕后的愛憐超過了長安君。」此話一出，立即讓趙太后覺得不妥並加以反對。當然，觸龍委婉地道出了其中緣由，用趙太后為燕后出嫁及祈福的事來說明自己的看法。

▋曉之以理，動之以情

觸龍擺出歷代興衰的事實，曉之以理、步步為營，讓趙太后無話可說，所有有利的情形得以掌握在觸龍手中，並證實了他的觀點：人無遠慮，必有近憂，長安君地位尊貴，封地與寶物又多，卻無功於國，將來何以立足於趙國？這可以說是一語點醒夢中人，讓趙太后心領神會。最後觸龍又為太后出謀劃策，出於父母之愛應為子孫長遠考慮的道理，最終讓趙太后心服口服，送長安君去齊國當人質，觸龍最終達到了他勸說的目的。

這個故事中，觸龍十分了解趙太后的心理，掌握好溝通的時機和節奏，動之以情、曉之以理，來達到自己的目的。

在說服對方之前，必須透澈地了解被說服對象的有關情況，以便有針對性地進行談話。心理是人思想的情緒表現，因而了解對方的心理，就可以推斷出對方的思維活動，說話也就更有針對性和說服力。溝通中要善於攻心，這樣自己才能「無往而不勝」。

妙語點睛

> 要想說服別人，就得學會抓住對方的心理；要想抓住對方的心理，就得學會換位思考。站在別人的立場上去分析，設身處地考慮利弊，這樣別人才會真心接受你的意見。

投其所好，博得好感

李先生一直試著把麵包賣給一家飯店。一年來，他每天都打電話給該飯店的經理，甚至在該飯店訂了房間，住在那，以促成這筆生意。但是他還是失敗了。

正在李先生要放棄的時候，他看到在一張報紙上，有一個大版面展示了志願者騎自行車宣導低碳生活的照片，在這張公益照片上，李先生看到了這家飯店的經理。這引起了他的好奇，在認真地蒐集了這位經理的資料後，他才知道這位經理非常熱衷於公益事業，還被大家選為自行車大使。每個月大家都會騎著自行車繞城宣傳，希望大家盡量減少開車的次數，短距離時乘坐公車或者騎自行車。

李先生決定也加入節能減碳的行列，一有活動，李先生就騎著自行車參與其中。在活動中，那位經理認出了李先生，他們約定活動結束後一起喝杯茶。李先生再見到經理的第一句話不是談論自己的麵包，而是談論經理最感興趣的低碳生活，而那位經理非常樂於和他談論此事，最後李先生輕而易舉地談成了這筆生意。

如果你想要說服別人，首先要獲得別人的好感，這就要求你懂得「投其所好」。每個人對自己感興趣的事總是充滿了熱情，當你讓對方有足夠的時間來發揮自己的所長，講出自己的見解時，他就會產生極大的滿足感，就會把你當成自己人，這時你就可以轉入正題了。

投其所好往往是說服對方最絕妙的突破口，它不僅能夠促成生意，達到目的，還是人際溝通的一個不二法門，能夠增進人與人之間的情感。

想想你自己，如果遇到和你一樣喜歡某類運動、喜歡某個明星或者某部電影的人，你會不會立刻對他產生好感？我們常常說「道不同不相為謀」、「志同道合」，不就是這個道理嗎？所以，遇到陌生人，不妨仔細觀察對方，努力尋找共同點。

談論對方感興趣的事物並給予贊同，是對別人的肯定。相同的興趣能夠拉近人與人之間的距離，例子中的李先生正是用了投其所好的方法，才得以促成生意。聰明的人會以談論對方感興趣的話題來引起別人的注意，

從而營造出一個和諧友好的氛圍，達成雙贏；而愚蠢的人總是談論自己的興趣，不管別人的看法，這樣的談話勢必會引起對方的反感，使對方感到談話內容枯燥乏味。

在生活中，有時候人們對於某件事或者某個話題的觀點往往是針鋒相對的，甚至會讓雙方關係陷入僵局。要想破除僵局，達到自己的目的，你可以採用投其所好的語言方式，向對方的心理發起攻勢，順著對方的思路去發現對方的破綻並給予回擊，從而戰勝對方。

有一個漂亮的年輕女子走在馬路上，忽然發現後面有一個年輕男子緊跟著她。怎麼辦呢？焦急中，她忽然有了主意。她回過頭對這個男子說：「你為什麼老跟著我？」男子說：「妳太美了，真讓人著迷。我真心喜歡妳，讓我們交個朋友吧！」女子聽完微微一笑說：「謝謝你的誇獎，在我後面走的女孩是我的妹妹，她比我更漂亮。」「真的嗎？」男子聽後，馬上回過頭去看，但沒有看到任何人。他知道上當了，又去追趕那位女子，質問她為什麼騙人。女子說：「我沒騙你，是你騙了我。如果你真心喜歡我，那又為什麼去追另一個女人？這麼經不起考驗，還想和我交朋友，請你走開！」男子面紅耳赤，只得灰溜溜地走開了。

這位女子之所以能趕走那個男子，就是抓住他好色的心理，投其所好，設計誘惑他，再順勢反擊，讓對方羞愧難當、主動走開，從而達到了自己的目的。

從這個例子可以看出，「投其所好」實際上也是一種誘敵深入的戰術，抓住對方的需求和動機，沒下圈套，等對方進入圈套，就能果斷出擊，戰勝對方。

另外，對於那些不善於處理婆媳問題的年輕婦女，投其所好能夠讓你獲益匪淺。

老年人愛嘮叨，「幹部型」婆婆往往好強、獨斷專行，性格有些固執，執著於過來人的經驗，她們最擅長將生活中的小事提升到理論高度，並曉之以理、動之以情，不說服你誓不甘休。但從另一方面講，有這樣的婆婆，年輕人犯錯的機率的確要少一些。而她之所以苦口婆心，往往也是為了你好。

你首先要在思想上承認婆婆的教育有其積極的一面，並投其所好地讚揚她。老人的叛逆心理很嚴重，你越不聽她的，她越會變本加厲地教育你。當她感到你與她的思想其實很接近時，就不會整天不放心地跟在你的後面說教了。

其次是為她提供講臺。有時，她的說教是出於一種職業的慣性或因為退休後生活圈子變窄，你應該多鼓勵她擴大交際圈子，當她的口才有了更廣闊的施展舞臺，就不會整天盯著你了。

再者，有選擇地與婆婆交流。你的某些觀念婆婆無法理解是正常的，你沒必要改變自己，更不應該逼著婆婆去接受它。把這些她不能夠接受的東西隱藏起來，用她能接受的觀點與她交流。當你們的交流越來越多，她越來越信任你時，自然不會沒事就對你說教了。

運用「投其所好」的方法，我們可以做到「故布疑陣」、「反客為主」，然後利用對方的心理來回擊對方的問題，使自己立於不敗之地。我們要不斷地學習各種語言技巧，讓自己在語言上強大起來，在面對任何談話時都能遊刃有餘。

妙語點睛

從對方的角度出發，選擇對方感興趣的話題，投其所好，你會收到意想不到的效果。

有憑有據，以理服人

想要說服別人，自然先要將道理擺出來，做到以理服人。若是你沒有任何道理就站在那裡瞎說，恐怕沒人會聽你的。

多數人都喜歡堅持相信自己的觀點，相信自己的看法和意見是對的，而不希望別人加以反對。這在心理學上叫做定勢效應，是指人們在一定的環境中工作和生活，久而久之就會形成一種固定的思維模式，因而習慣於從固定的角度來觀察、思考事物，以固定的方式來接受事物。

在人際交往中，凡是有人對你的意見表示反對的時候，對方一定會尋找許多理由為自己辯解。如果你在說話的時候直接否定別人的意見，就等於把對方放在了你的對立面上，這樣就可能產生分歧和矛盾，使事業的發展受阻。聰明的辦法是，當彼此產生意見分歧時，要以理服人，讓對方慢慢接受你的意見，並堅信你的意見是正確的。

以理服人就是擺事實、講道理，讓人從你講的道理中領悟到其正確性，從而接受你的意見，按照你的意見行事。需要注意的是，勸導說理時必須切中要害。

以理服人最重要的一點是拿出事實、出言有據、事實確鑿，對方的觀點就會不攻自破。

要做到以理服人，必須做到以下兩點：

◆ **講清道理**：說理的時候，必須要拿出依據，就事論事。語言要簡潔明瞭，將道理說清、說透即可。同時，你還要做到條理清晰，哪些先講、哪些後講；哪些要重點講、反覆講，都要心中有數。

◆ **用事實說話**：事實的力量就如同一枚重磅炸彈。一個事實常常比一百句、一千句抽象的理論更有說服力。有時，你只要將事實一擺，對方

自然就心服口服了。事實勝於雄辯，你若是舉出大量事例來證明你的
觀點，別人就很難反駁了。

妙語點睛

> 說服他人的黃金公式：說服＝事實＋雄辯。

寬以待人，以情感之

有兩個小和尚為了一件小事爭執不休，互不相讓。第一個小和尚怒氣
衝衝地去找師父評理，師父心平氣和地聽完他的話之後，鄭重其事地對他
說：「你是對的！」於是第一個小和尚得意洋洋地跑回去宣揚。第二個小
和尚不服氣，也跑來找師父評理，師父在聽完他的敘述之後，也鄭重其事
地對他說：「你是對的！」當第二個小和尚滿心歡喜地離開後，一直跟在
師父身旁的第三個小和尚終於忍不住了，他疑惑不解地向師父詢問：「師
父，您平時不是教我們要誠實，不可說違背良心的話嗎？可是您剛才卻對
兩位師兄都說他們是對的，這豈不是違背了您平日的教導嗎？」師父聽完
之後，不但毫無怒色，反而微笑地對他說：「你是對的！」第三位小和尚
此時才恍然大悟，立刻拜謝了師父。

人人都有自尊心和好勝心，在不是很原則的問題上，應讓別人三分。
其實，人生最可貴的是得理且饒人。而善解人意的人更能深刻體會這一
點。有些時候，以情動人比以理服人更具有智慧，這樣既給人留下一條後
路，又可彰顯自己寬容的胸懷。一舉兩得，何樂而不為呢？

美國政治家富蘭克林說：「我給自己立下一條規矩：我在說服他人
時，絕不正面反對別人的意見，也不准太武斷，甚至不許自己在文字和語

言上措辭太肯定。當別人陳述我不以為然的事時，我不會打斷他；也不會立即駁斥他，或立即指正他的錯誤。我在回答的時候，先肯定他的意見在某些條件下沒有錯，再說出目前稍有不同等等。這樣，談話的氣氛就會很融洽。以謙虛的態度來表達自己的意見，不但容易被人接受，也容易減少一些分歧，這樣即使我有錯，也不會出現難堪的場面；而如果我是對的，別人也較容易贊同我。」

漢朝時有一位叫劉寬的人，為人寬厚仁慈。他在南陽當太守時，小吏、老百姓做了錯事，為了以示懲戒，他只是讓差役用蒲草鞭責打，使之不再重犯，此舉深得民心。劉寬的夫人為了試探他是否像人們所說的那樣仁厚，便讓婢女在他和屬下一起辦公的時候捧出肉湯，故作不小心把肉湯灑在他的官服上。要是一般人，大概會將婢女毒打一頓，至少也要狠狠地怒斥一番。但是劉寬不僅沒發脾氣，反而問婢女：「肉羹有沒有燙著妳的手？」由此足見，劉寬為人寬容之肚量確實超乎一般人。

現實生活中，不少衝突都是由於一方或雙方糾纏不清或得理不讓人，一定要小事大鬧，爭個勝負，結果矛盾越鬧越大，事情越搞越僵。這時，不妨糊塗一下，得理也要讓三分，用寬容之心待人。得理讓人，才是一種成功的處世方式。

「得饒人處且饒人」人與人相處時，發生爭論在所難免。如果在對方理虧的情況下還落井下石，故意使對方難堪，就會激起對方的反抗，甚至帶來嚴重的後果。

在上班高峰時間，公車上人很多，車輛突然剎車，一個年輕人不小心踩到了一位老人的腳，老人張口就說：「你沒長眼睛啊？看我年紀大好欺負是不是？」

年輕人本來是想說一句對不起的，可老人的話惹惱了他，他有點不悅

地說：「踩了就踩了，也不是故意的，我怎麼欺負您了啊？」

老人瞪著眼睛說：「你看你看，剛說你兩句就生氣了！我看你那樣，監獄裡剛放出來的吧？」

年輕人聽完此話，立刻火冒三丈：「你這人怎麼說話呢？」邊說邊揮著拳頭要打人。車裡的人連忙攔住左勸右勸，好不容易才讓他倆消了氣。

這位老人的做法就是典型的得理不饒人。本來年輕人踩到他的腳正要道歉，可是一聽老人這諷刺的話心裡自然不舒服，反駁了幾句，老人就更加生氣了，覺得這年輕人不懂禮貌，火氣就越生越大，話也更難聽了，以至於年輕人氣得要動手打人。

在餐廳中，也常發生類似的事。

「小姐！妳過來！妳過來！」一位顧客高聲喊，指著面前的杯子，滿臉寒霜地說：「看看！你們的牛奶是壞的，把我一杯紅茶都糟蹋了！」

「真對不起！」服務小姐一邊賠著不是，一邊微笑著說：「我立即給您換一杯。」

新紅茶很快就準備好了，碟子和杯子跟前一組一樣，放著新鮮的檸檬和牛奶。小姐將茶輕輕放在顧客面前，又輕聲地說：「我是不是能建議您，如果放檸檬就不要放牛奶，因為有時候檸檬酸會造成牛奶結塊。」

那位顧客的臉一下子紅了，匆匆喝完茶，走出去了。

有人笑問服務小姐：「明明是他不對，妳為什麼不直接說他呢？他那麼粗魯地叫妳，妳為什麼不還以顏色？」

「正是因為他粗魯，所以要用婉轉的方式對待；正因為道理一說就明白，所以用不著大聲。」服務小姐說。

世上的一切事物都是相對的。有的人遇事若占了上風，便盛氣凌人、咄咄相逼，非要別人低頭求饒，方能熄滅心頭之火，好像不如此就有損自

己的顏面和尊嚴。凡事都有一個分寸，若固執而不知變通，好走極端超過了界限，就必然會走向謬誤。生活中遇到紛爭，雙方若能平心靜氣地講明道理、相互謙讓、寬容大度，則有利於化解矛盾、消除隔閡，從而建立和諧的人際關係。

妙語點睛

> 如果能夠有一顆善解人意的心，有理也能讓人，那麼，很多不必要的衝突與爭執就可以避免了。

角度不同，結局迥然

一位女士一隻腳大，一隻腳小。一次她到鞋店買鞋，試了幾雙都不合腳。店老闆看著她的腳說：「太太，隨便挑一雙算了。兩隻鞋都合適不可能，因為您的一隻腳比另一隻大。」這位女士聽後覺得心裡不快，拂袖而去。她到了另一家鞋店後，又試了幾雙。這裡的老闆說：「太太，這左腳的鞋比您的腳是稍大一些，那是因為您的左腳比右腳小巧秀氣啊！」女士聽後十分高興，掏出錢來把鞋買走了。

「橫看成嶺側成峰，遠近高低各不同」說話言理也一樣，只要選取的角度不同，得出的結論也不一樣。因此，從一個角度說不圓的事理，或許從另一個角度便能說得令人信服、滿意。

有句話是：「不看你說什麼，只看你怎麼說」。同樣一個意思，不同的人有不同的說法，不同的說法有不同的效果。與人交流時，不要以為自己內心真誠便可以不拘言語的表達，我們要學會委婉而藝術地表達自己的想法。

有一位國王，夢見自己所有的牙齒都掉了。一覺醒來，他找來一位智者為他解夢。

智者說：「陛下，您很不幸，每掉一顆牙齒，就意味著您會失去一個親人。」

國王聽後大怒：「你這個大膽狂徒，竟敢胡說八道，給我滾出去！」隨後，他令人重打了這位智者 100 大板。

國王下令找來另一位智者，並向他講述了自己的夢。聽完後，這位智者對國王說：「高貴的陛下，您真幸福呀！這是個吉祥的夢，意味著您會比您的親人長壽。」

國王聽後大喜，令人重賞了這位智者 100 個金幣。

這位智者走出宮殿時，一位禮賓官很不解地對他說：「真是難以置信！您對夢的解釋其實同第一位智者差不多，為什麼他受到的是懲罰，而您得到的卻是獎賞呢？」

這位智者語重心長地說：「很簡單，一切都是因為說話方式的不同啊。」

問題不在於你說了什麼，而在於你是怎樣說的。舌頭是天底下最有威力的武器，它可以打動別人，消除你成功路上的障礙；舌頭也可以傷害別人，為你增添阻礙，所以學會利用舌頭是人生的必修課。你只有認真聽、仔細想、反覆推敲，才能掌握適宜的說話技巧。也只有這樣，你才能達到自己的目的。

據說在某國的教堂內，一位教士在做禮拜時，忽然熬不住菸癮，便問他的上司：「我在祈禱時可以抽菸嗎？」結果，他遭到了上司的斥責。又有一位教士，也發了菸癮，卻換了一種說法問道：「我抽菸時可以祈禱嗎？」上司竟莞爾一笑，答應了他的請求。

因此，我們在與人交流的時候，一定要注意說話不能太直白，否則就可能會給自己惹來麻煩。

一句話到底應該怎麼說，其實很簡單，你只要設身處地站在他人的角度想想就會明白了。

在週末，有許多年輕男女佇立街頭。他們中間有不少人是等待與情侶相會的。有兩個擦鞋童，正高聲吆喝著以招攬顧客。其中一個說：「請坐，我為您擦擦皮鞋吧，保證又光又亮。」另一個卻說：「約會前，請先擦一下皮鞋吧。」

結果，前一個擦鞋童攤前的顧客寥寥無幾，而後一個擦鞋童的吆喝聲卻收到了意想不到的效果，一個個年輕男女紛紛來讓他擦鞋。

這究竟是為什麼呢？其實原因很簡單，分析一下就可以得出答案。我們聽到第一個擦鞋童的話時，儘管他的話禮貌、熱情，並且附帶著品質上的保證，但這與此刻年輕男女們的心理差距甚遠。因為，在黃昏時刻，破費錢財把鞋擦得又光又亮，沒有多少必要。顯然人們從這裡聽出的是「為擦鞋而擦鞋」的意思。而第二個擦鞋童的話，就與年輕男女們此刻的心理非常吻合。「月上柳梢頭，人約黃昏後」在這充滿溫情的時刻，誰不願意以乾乾淨淨、大大方方的形象出現在自己心愛的人面前呢？

一句「約會前，請先擦一下皮鞋」，真是說到了年輕男女的心坎上。可見，這位聰明的擦鞋童正是傳遞著「為約會而擦鞋」的溫情愛意。一句「為約會而擦鞋」，一下子抓住了顧客的心，做成了生意。

一個心理成熟、懂得社交技巧的人，應該知道在什麼時候，以怎樣的方式說話與辦事。同樣是說話，用不同的方式說，效果會有很大的不同。

一般情況下，我們在說話之前，要先經過一番慎重的考慮。一定要確立說話的目標，還要學會察言觀色，善於捕捉對方的心理，充分考慮說什

麼話、如何說、什麼時候說。確定了這些，再開口說話，才能收到良好的
效果。另外，我們還要充分考慮說話的對象是什麼樣的人，然後再酌情選
擇適合的方式，這樣才會消除不必要的敵對情緒，成為一個到處受歡迎
的人。

　　人們都有自己的思維習慣和看待問題的方式，在他們看來，自己的觀
點和意見總是正確的。如果想要說服對方，就需要學會換位思考，從對方
的角度看待問題。換位思考是人際溝通的一大技巧，對交流雙方都有好
處。站在對方的角度考慮問題，傳遞的是對對方的尊重與體貼，彼此間容
易相互理解並產生好感，進而做出積極回應。

　　成功學大師卡內基曾說：「與人相處能否成功，全看你能不能以同情
的心理，體諒和接受他人的觀點。」因為人們對問題的看法、處世態度有
很大差別，所以人與人和睦相處，換位思考很重要。你為別人著想，別人
才會為你著想。

妙語點睛

> 要想說服別人，說話的方式比內容更重要。相同的意思，換一種
> 方式，效果完全不同。

正話反說，叫人分辨

　　漢武帝劉徹有位乳母，在宮外犯了罪，被官府抓了，並稟告漢武帝。
漢武帝心中十分為難，畢竟是自己的乳母，滴水之恩當湧泉相報。但是，
天子犯法與庶民同罪，如果不處置她，有失自己天子的威嚴，以後又何以
君臨天下。思來想去，漢武帝決定以大局為重，依法處置自己的乳母。

乳母深知漢武帝的為人，知道自己凶多吉少，便想起了能言善辯的東方朔，請求東方朔幫自己一把。

東方朔也頗感為難，他想了想說：「辦法也有，但必須靠妳自己。」

乳母急切地問：「什麼辦法？」

東方朔說：「妳只要在被抓走的時候不斷地回頭注視皇帝，但千萬不要說話，也許還有一線希望。」

乳母雖不解其中玄機，但還是點了點頭。

當傳訊這位乳母時，她有意走到漢武帝面前向他辭行，用哀怨的眼神注視著武帝，幾次欲言又止。漢武帝看著她，心裡很不是滋味，有心想赦免她，又苦於君無戲言，無法反悔。

東方朔將這一切看在眼中，知道時機已成熟，便走過去，對那位乳母說：「妳也太痴心了，如今皇上早已長大成人，哪裡還會再靠妳的乳汁活命呢？妳不要再看了，趕緊走吧。」

漢武帝聽出了東方朔的話外之音，又想起了小時候乳母對自己的百般疼愛，終不忍心看乳母被處以刑罰，於是法外開恩，將她赦免了。

在人際交往中，我們常常需要透過講道理來說服別人。正話反說就是一種有效的辦法。有些話直接說可能對方不會接受，為了避免尷尬，學會適當的時候說適當的話，要學會察言觀色、把握時機，根據不同的對象、不同的場合，說恰如其分的話。

東方朔就是採取了正話反說的策略，讓漢武帝領悟其中的道理 —— 這樣懲罰自己的乳母似乎有違情理，從而達到預期的目的。如果東方朔直接向漢武帝求情，陳述乳母的養育之恩，恐怕會適得其反。這就是正話反說的妙處！

當我們遇到一些不愉快的事情時，用正話反說的方法可能會收到更好

的效果。對於那些從事特殊工作的人們，說話更要看清對象，學會正話反說，否則說話太直，會給人招來麻煩。

在一些特殊場合下，實話實說是很傷人的。說話莫忘看場合，該反說時就反說。因為，在不同的場合下，人們對他人的話語有不同的感受、理解，並表現出不同的心理承受能力，正因為受特定場合心理的制約，有些話在某些特定環境中說比較好，但在另外的場合中說未必佳。同樣的一句話，在這裡說和在那裡說效果就不一樣，說什麼、怎麼說，一定要顧及說話環境，才能取得良好的效果。總之，唯有巧妙地利用語境，做到情境相宜，才能攻破人們的心理防線。

另外，正話反說也是產生幽默感的有效方法之一。使用這種方法能夠在不直接指明對方錯誤的基礎上，使他們自我反省並意識到自己的錯誤。

有一則宣傳戒菸的公益廣告，其中完全沒提到吸菸的害處，相反，卻列舉了吸菸的四大好處：「一是節省布料：因為吸菸易患肺結核，導致駝背，身體萎縮，所以做衣服就可以節省布料；二是可以防盜：抽菸的人常患氣管炎，通宵咳嗽不止，賊人以為主人未睡，便不敢行竊；三是可防蚊蟲：濃烈的煙霧熏得蚊蟲受不了，只得遠遠地避開；四是永保青春：不等年老便可去世。」

這裡所說的吸菸四大好處，實際上是吸菸的害處，卻正話反說，顯得很幽默，讓人們從笑聲中悟出其真正要說明的道理。

在特定情況下，人們需要打破習慣的說話方式，反其道而行之，這便形成了反語。反語是一種拐彎抹角、迂迴的表達方式。正話反說不僅有很好的表達效果，還有更強的說服力。

秦朝的優旃是一個有名的侏儒藝人，他十分擅長講笑話。有一次，秦始皇要大肆擴建御園，多養珍禽異獸，以供自己圍獵享樂。這是一件勞民

傷財的事，但大臣們誰也不敢冒死進諫。這時能言善辯的優旃挺身而出，他對秦始皇說：「好，這個主意很好，多養珍禽異獸，敵人就不敢來了，即使敵人從東方來了，下令麋鹿用角把他們頂回去就足夠了。」秦始皇聽了不禁破顏而笑，並破例收回了成命。

優旃的話表面上是贊同秦始皇的主意，而實際意思則是說如果按秦始皇的主意辦事，國力就會空虛，敵人就會趁機進攻，而麋鹿用角是不可能把他們頂回去的。這樣正話反說，表面上贊同了秦始皇，優旃足以保全自己；又促使秦始皇不得不在笑聲中領悟其真正的含義，從而達到了他的說服目的。

先順著對方的意思，讓對方解除心理防範，再讓對方領悟「話中之話」，一旦對方頓悟，便能起到立竿見影的效果。正話反說不只是一種溝通策略，更是一種攻心術。不但可以避其鋒芒，明哲保身，還可以讓對方欣然同意自己的見解。

妙語點睛

> 馬克思（Karl Marx）說，真理向前一小步就是謬誤。同理，反話稍引申就變成忠言了。正話反說，不但能夠表達自己的主張，還能給對方挽留顏面。

順水推舟，心悅誠服

第二次世界大戰期間，美國因為參戰而必須動員大批青年服兵役，但多數美國青年過慣了舒適生活，擔心自己會喪命，於是紛紛抵制美國五角大廈發出的徵召令。其中，俄亥俄州的地方行政長官已經是第五次被參謀

長聯席會議主席訓斥得灰頭土臉了。

　　他表示，他已經說得口乾舌燥，卻仍然無法說服那些懦弱且意見紛雜的青年。正當他焦頭爛額之際，有人給他介紹了一位大名鼎鼎的心理學家。

　　這位心理學家經過一番精心的準備之後，信心十足地來到募兵現場。當他面對臺下東張西望的青年時，先沉默了五分鐘，然後用渾厚的男中音開始進行演講：

　　「親愛的孩子們，我和你們一樣，特別珍惜自己的生命。」

　　青年們見他頗有學者風度，說話又合自己的胃口，便開始安靜下來聆聽。

　　「首先我要提醒大家，熱愛生命是無罪的，因為我們每個人都只有一次生命。憑良心說，我同樣反對戰爭、恐懼死亡，如果要求我到前線去，我也會和大家一樣想逃避這項命令。」

　　「但是，我也存在另外一種僥倖心理：假如我服兵役，可能只有一半的機率會上前線作戰，也有可能會留在後方；即使上了前線，我作戰的可能性同樣也只有一半，因為說不定我會成為某長官的左右手而留在安全地區；萬一我不幸必須扛起槍，受傷的可能性仍然只有一半；即使不幸掛彩，只有輕傷也不致受到死神的召喚，因此我實在沒有擔憂的理由；就算是重傷，或許在醫生的幫助下也有可能逃離地獄的鬼門關；就算真的運氣不好，如果我不幸為國捐軀，親人和朋友會為我感到驕傲，我的父母不但會受頒一枚最高榮譽勳章，還可以得到一筆數目可觀的撫恤金和保險金，鄰居小孩子們會以我為英雄，把我當成偶像來崇拜。而我，一位偉大的戰士也自然會進入天堂，來到慈祥的天父身邊，說不定還會見到萬人敬仰的華盛頓將軍。」

聽完這段演講，本來極力抗拒上戰場的青年們紛紛表示願意賭一賭，他們或是想當英雄，或是有人家境不好，萬一犧牲也可領到巨額撫恤金。

就這樣，心理學家的一席話，攻下了青年們的心理弱點，讓他們成功地被說服。

實際上，這位心理學家只是發揮順水推舟的策略而已。如同催眠師一般，他先瓦解對方堅固的防禦心理，進而掌握他們潛意識下的心理需求，然後將他們一步步引入預先布下的網路中，最後巧妙地操縱對方的情感，使其輕易就範。

有時候，人執拗於某一錯誤道理或者荒唐的念頭，常是由於思維邏輯出現了錯誤。在這種情況下，你只需順水推舟地指出他的邏輯錯誤，問題就迎刃而解了。

話說古代，有所謂的得道高人向某個皇上敬獻長生不老之藥。宮女帶領著拿藥的得道高人走入宮中，被一位出身低微的嬪妃看見。這位嬪妃看過藥後，向得道高人問道：

「可以吃嗎？」

「回稟娘娘，可以吃。」

於是這位嬪妃就把藥吃了。

這件事情馬上就被稟報給了皇上。皇上大怒，帶領衛隊氣沖沖地去後宮抓這個嬪妃。到了後宮後，這個嬪妃也不害怕，皇上問她：「為什麼吃掉朕的仙藥？」

這個嬪妃跪在地上，不慌不忙地說：「我問道長，道長說可以吃，因此我就吃了。這事我沒有罪，罪過在道長。再說了，道長獻的是長生不老藥，因我吃藥而皇上要殺我，那這藥豈不變成了喪命藥，只能說明有人在欺騙皇上。」

皇上聽了，便沒有殺她。

順水推舟，比喻順應趨勢採取相應的辦法。在交談中，順應對方的話，自然而然順著說下去，讓其向著有利於自己的目標發展，最後使對方心悅誠服。

運用順水推舟，可以達到許多目的。既可以婉言指責，又可以消除尷尬，還可以巧妙諷刺。

李鴻章有個遠房親戚，胸無點墨而熱衷科舉，考場上打開試卷，竟有一半字不認識，急得如熱鍋上的螞蟻。眼看交卷時間就要到了，該人靈機一動，在試卷上寫道：「我乃李鴻章李中堂大人的親妻（戚）。」主考官批閱這份試卷時，不禁捻鬚微笑，提筆在試卷上批道：「所以本官不敢娶（取）你。」主考官巧借李某一個錯字，順水推舟，來個錯批，取得了強烈的諷刺效果。

當然，順水推舟也要把握時機。人們不是常說「時機轉瞬即逝」嗎？說話的時候如果不把握機會，效果就會大打折扣。

順水推舟的說服效果十分明顯，但也是需要看清情況以後才可以進行的。不分情況亂說話，同樣也是給自己製造麻煩。要想使用這一策略至少要有以下兩個前提：

一是，要認清對方的心態，弄清對方的心理狀況。對方的心態決定了對方說話的內容和方式，所以在談話的過程中要了解對方的心態，弄清對方的心理狀況，這樣才能把握住機會，順水推舟。

二是，要因勢利導。有時候，機會要靠自己創造，所以在和他人談話的時候，要注意因勢利導，克服對方的抵觸心理，軟化對方的立場，一步一步引導對方進入自己的語言環境，為自己的順水推舟做好準備。

在溝通過程中，如果你特別堅持自己的主張和觀點，試圖使自己徹底

擊敗對方而占上風，那對方反而會加強防範、頑固抵抗，結果就會適得其反。這時你若先順應對方的意思，肯定對方的想法，再有意無意地表達自己想說的話，才不會讓對方發現你的意圖。

妙語點睛

> 順著對方的思路走，了解對方的真實心理，瞄準目標及其要害，從而讓對方心悅誠服。

主動示弱，虛懷若谷

有一座磚瓦窯，窯主規定每個窯工每個月必須製成 10,000 片瓦坯，沒完成的工人只能拿一半的薪水，超過 10,000 片按數量計發獎金。

一天，窯主新招了一個工匠，他上窯廠操作了兩天，每天製瓦坯 600 片，且品質上乘，老闆非常高興，表揚了他。新工匠就得意洋洋地說：「每天製 800 片我都沒問題，獎金我拿定了。」

收工時，這個新來的工匠感覺到一道道惱恨的目光，當他到員工餐廳吃飯的時候，他的碗筷又被別人扔在一旁。這一下，他知道自己遭到了大多數人的排擠。

第三天，他有意放慢了速度，製瓦坯的數量接近一般工匠。老闆再來檢查時，他懇切地說：「老闆啊，我們在磚窯幹活又髒又累，做了 9,999 片瓦坯還只能拿一半薪資，不太合理……」老闆考慮了一下，覺得他說的也有道理，就取消了這項薪資制度。

他還積極接近工友們，教他們如何提高工效，使大家都能完成定額。此後，工友們都不再嫉妒他，開始佩服他、尊敬他。

第 4 章　攻心為上，說服他人並不難

　　這個新來的工匠鋒芒畢露得罪了工友，之後他及時調整自己，不再突出自己，而是關心大家的利益，提出建議並幫助他們提高工效。最後老闆滿意，工友高興，他也得到了尊敬。

　　在現代社會，競爭異常激烈殘酷，每個人都渴望能夠脫穎而出，充分展示個人風采。但我們要注意在不同的時間、地點、場合的表現要恰如其分。

　　「槍打出頭鳥」、「樹大招風」如果一個人能力過強，而且喜歡表現自己，就會在無形中對他人造成壓力。所以，在人際溝通中，適時適度地主動示弱是強者謙遜的體現。因為，人都有一種嫉妒心理。示弱能使處境不如自己的人保持心態平衡，有利於人際交往。

　　示弱是一種高超的處世智慧，可以減少或消除不滿和嫉妒。事業上的成功者、生活中的幸運兒，被人嫉妒是難免的，在一時還無法消除這種社會心理之前，用適當的示弱方式可以將其消極作用降到最低。

　　在社交中，不妨選擇自己「弱」的一面，削弱自己過於咄咄逼人的成績，讓別人放鬆警惕。地位高的人在地位低的人面前不妨展示自己的奮鬥過程，表明自己其實也是個平凡的人；成功者在別人面前多說自己失敗的經歷、現實的煩惱，給人一種「成功不易」的感覺；對眼下經濟狀況不如自己的人，可以適當訴說自己的苦衷：如健康欠佳、子女學業不佳以及工作中的諸多困難，讓對方感到家家都有本難念的經；某些專業上有一技之長的人，最好表現出自己對其他領域一竅不通，袒露自己在日常生活中如何鬧過笑話、陷入窘境等；至於那些完全因客觀條件或偶然機遇僥倖獲得名利的人，更應該直言不諱地承認自己是偶爾的運氣好而已；那些高高在上的人，也不要把自己塑造得過於高大完美，而應該時不時暴露一下自己的缺點，增加自己的親和力。

曾有一位記者去拜訪一位企業家，目的是獲得有關他的一些醜聞資料。然而，還來不及寒暄，這位企業家就對想質問他的記者說：「時間還早得很，我們可以慢慢談。」記者對企業家這種從容不迫的態度大感意外。

過了一會，祕書將咖啡端上桌來，這位企業家端起咖啡喝了一口，立即大嚷道：「哦！好燙！」咖啡杯隨之滾落在地。等祕書收拾好後，企業家又把香菸倒著插入嘴中，從過濾嘴處點火。這時，記者趕忙提醒：「先生，您將香菸拿反了。」企業家聽到這話之後，慌忙將香菸拿正，不料卻將菸灰缸碰翻在地。

在商界赫赫有名的企業家出了一連串的洋相，使記者大感意外，在不知不覺中，原來的那種挑釁情緒完全消失了，甚至對對方產生一種同情心理，而這就是企業家想要達到的效果。這整個過程，其實是企業家一手策劃的。當人們發現傑出的權威人物也有許多弱點時，對他抱有的恐懼感就會消失，而且由於受同情心的驅使，還會對對方產生某種程度的親切感。

在與人交往中，要使別人放鬆對你的警惕、營造親近之感，只要你很巧妙地、不露痕跡地在他人面前暴露某些無關痛癢的缺點，出點小洋相，表明自己並不是一個高高在上、十全十美的人，這樣就會使他人在與你交往時鬆一口氣，不再與你為敵。

示弱不僅使得彼此消除不必要的敵意，增進認識和理解，還是成功路上必不可少的考驗。俗話說「三十年河東，三十年河西」、「風水輪流轉」。在強的時候，故意示弱固然是一種策略；在自己弱的時候，不妨也誠實一點，表達你需要幫助的誠意，接受別人的幫助，從而走出困境。

週末，一個小男孩在他的玩具沙箱裡玩耍。沙箱裡有他的一些玩具小汽車、敞篷貨車、塑膠水桶和一把亮閃閃的塑膠鏟子。在鬆軟的沙堆上修

築公路和隧道時，他在沙箱的中間發現了一塊巨大的岩石。

小傢伙開始挖掘岩石周圍的沙子，企圖把它從泥沙中弄出去。對於岩石而言他實在太小了。他開始手腳並用，似乎沒有費太大的力氣，岩石便被他連推帶滾地弄到了沙箱的邊緣。不過，這時他才發現，他根本無法讓岩石翻過沙箱的邊牆。

小男孩下定決心，手推、肩扛、左搖右晃，一次又一次地向岩石發起衝擊。可是，每當他剛剛覺得取得了一些進展的時候，岩石便滑脫了，重新掉進沙箱。

小男孩急得哼哼直叫，使出吃奶的力氣猛推猛擠。但是，他得到的唯一「回報」便是岩石再次滾落回來，砸傷了他的手指。最後，他傷心地哭了起來。這整個過程，小男孩的父親從起居室的窗戶裡看得一清二楚。當淚珠滑過孩子的臉龐時，父親來到了他跟前。父親的話溫和而堅定：「兒子，你為什麼不用上所有的力量呢？」

垂頭喪氣的小男孩抽泣道：「我已經用盡全力了，爸爸，我已經盡力了！我用盡了我所有的力量！」

「不對，兒子，」父親親切地糾正道，「你並沒有用盡你所有的力量。你沒有請求我的幫助。」父親彎下腰，抱起岩石，將岩石搬出了沙箱。

人互有短長，你解決不了的問題，對你的朋友、親人、同事而言或許就是輕而易舉的。他們是你的資源和力量，在必要的時候，你也需要別人的幫助。一個人想要取得成功，自己的能力固然重要，但也離不開他人的幫助。自強固然是一種難能可貴的特質，自立也是通向成功的必要因素。但我們也應意識到，一個人的力量是微薄的，面對許多困難，僅靠一個人的力量是難以解決的。與其在遇到困難的時候咬牙撐著，死要面子活受罪，將別人拒之門外，不如坦然示弱，讓別人看到你的困境、知道你的

所需所求，這樣才能有人助你一臂之力，幫你渡過難關。

世界上沒有絕對的事，人際交往中也是如此。你不可能是永遠的強者，在弱的時候誠實地示弱，更能交到真心朋友；在強的時候也要示弱保護自己，不要招致不必要的麻煩。示弱是人際交往的藝術，如果能領悟其中的真諦，你就能成為人際交往的大師了！

妙語點睛

退一步海闊天空，在矛盾衝突面前，能主動示弱，以寬容的態度去對待別人，巧妙地避開鋒芒，才是智者的風範。

第 4 章　攻心為上，說服他人並不難

第 5 章
言簡意賅，一語中的顯幹練

那些處事幹練的人，話一般不太多，不說則已，一說就能切中要害。俗話說，物以稀為貴。其實，人際溝通中也是如此，語言貴精不貴多。溝通最失敗的往往就是那些整天喋喋不休的人。在溝通中真正的智慧就是如何讓自己的語言盡可能簡練，從而產生一語中的的效果。

莎士比亞也說過：「簡潔的語言是智慧的靈魂，冗長的語言則是膚淺的裝飾」。講話簡練有力、一語中的，能使人興味不減；冗詞贅語、嘮叨囉唆不得要領，必令人心生反感。

囉囉唆唆惹人煩

「哎呀，悟空你也真調皮呀，我叫你不要亂扔東西呀！哎，亂扔東西是不對的……哎呀，我還沒把話說完，你怎麼把棍子也給扔掉了？月光寶盒是寶物，亂扔它會污染環境。哎，砸到小朋友怎麼辦？就算砸不到小朋友，砸到花花草草也不好嘛！」

看到《大話西遊》中唐僧這段經典的臺詞，你可能會忍俊不禁。唐僧的話是虛構出來的，但現實中還真有人堪與唐僧「媲美」：

2003 年，時任美國國防部長的唐納德·倫斯斐（Donald Rumsfeld）獲得了英國「推廣簡潔英語運動」組織向他頒發的年度「不知所云」獎。因為他曾經在一次記者招待會上談到伊拉克是否有大規模殺傷性武器時，說了一段流傳很廣的「名言」：「我一向對尚未發生的事情的有關報導感興趣，因為就像我們都知道的那樣，有一些眾所周知的事情；我們知道一些我們知道的事情。我們不知道很明顯未知的事情；那就是說，我們知道有些事情我們不知道。但也沒有人知道未知的事情 —— 也就是我們不知道的未知的事情。」

　　這位部長簡直比唐僧還厲害，我們根本就不知道他究竟想要說些什麼。作為笑話聽起來還挺不錯，但如果現在有這樣一位「活寶」在你耳邊不停地嘮叨，相信滋味一定不太好受。

　　瑪麗有一位從小一塊長大的朋友，多年不見，說要來看瑪麗，瑪麗高興之餘，力邀其到家裡住。剛開始朋友不願意，說怕打擾瑪麗和家人的生活，瑪麗說家裡有客房，沒關係。於是，朋友來了，還帶來了一位瑪麗不認識的朋友小紅。

　　小紅很喜歡說話，而且說的話至少可以重複五遍。那樣的重複不是口語化的重複，而是怕你聽不懂或她已經忘記她說過了的重複。

　　剛開始，出於禮貌，瑪麗還能不厭其煩地堅持聽她一次次地重複、一遍遍地敘述，到了後來，瑪麗的聽覺神經終於再也承受不住，只要她一重複敘述，瑪麗就趕快躲到一邊去。可她說話的聲音不僅大，而且穿透力特強，躲到書房裡關起門來還能聽到她的聲音。她在瑪麗家的兩天時間裡，瑪麗家的每個角落幾乎都充斥著她的聲音。

　　因為小紅喜歡說話，所以她的電話也就特別多，而且每個電話至少都要說上十分鐘。

　　有一次，她給她的一個朋友打電話，足足打了近四十分鐘，可來來去去就是那麼幾句話，反反覆覆地就說那麼一件事。

　　當她放下電話時，朋友終於忍不住，說：「小紅，我感覺妳有點囉唆，妳還沒到更年期呢。」

　　聽罷朋友的話，小紅說：「不是我囉唆，是她們不理解我的意思，我必須要說清楚。」於是，她就這樣一遍遍地跟瑪麗和朋友解釋，說她不是囉唆。

　　她在瑪麗家住的兩天時間裡，瑪麗已經被她富有穿透力的聲音折騰得

筋疲力盡。如果再繼續這樣下去，瑪麗非崩潰不可！好在第三天朋友把她帶走了。

就在她走出瑪麗家的一剎那，瑪麗整個人一下就輕鬆起來，有一種如釋重負的感覺。

是不是覺得瑪麗很可憐？小紅很惹人厭？那麼就自己引以為戒吧。

嘮嘮叨叨的人的確讓人頭痛。可是生活中就是有這樣的人，明明一句話能講完的事非要長篇大論、廢話連篇、毫無重點，讓人聽起來摸不著頭緒。而當事人還根本對自己的毛病毫無察覺，自顧自享受著表達的樂趣，全然不顧聽眾是多麼如坐針氈。

有一個人去聽一位牧師的演講，開始的時候，他被深深地感動了，拿出很多錢準備捐款。一個小時過去了，這個人認為牧師的演講估計該結束了，可牧師仍在繼續，他開始有點不耐煩了，決定只捐一些零錢算了；兩個小時過去了，牧師還在滔滔不絕，這個人心生反感，決定一分錢也不捐了；三個小時過去了，牧師還在翻來覆去地講同一個道理，這個人煩透了；好不容易挨到牧師演講結束，開始準備捐錢的這個人，不但一分錢沒捐，還趁人不注意從捐款箱裡拿走了一些錢。

在生活中，你是否經常會看到類似的現象：一位媽媽三番五次地對孩子說「你要把你的房間收拾乾淨」，可孩子卻把媽媽的話當作耳邊風，房間雜亂依舊；妻子不知疲倦地提醒丈夫「你該戒菸了」，可丈夫依然吞雲吐霧……造成這些現象的原因，就是刺激過多、過強、過久，超過了合理的限度，引起了人們極不耐煩或反抗的情緒，使事物朝相反方向發展。心理學上將這一行為稱作「超限效應」。

由此可見，我們如果希望自己說的話能夠在別人身上起作用，就不能採取簡單的重複，而是換個角度、換種說法，將對方的厭煩心理、叛逆心

理降到最低，到那時，你就能真正體驗到「一語千金」的威力了。

托爾斯泰說過：「人的智慧越是深奧，其表達想法的語言就越簡單。」其實真正打動人心的語言往往不是長篇大論，而是那些簡潔有力的話。

第二次世界大戰期間，面對希特勒的進攻，英國節節敗退，人心惶惶，士氣低沉。當時的英國首相邱吉爾覺得有必要做一場演講，來激勵士兵的士氣，挽救國家的命運。

邱吉爾拄著拐杖，戴著草帽，慢步走向講臺，先把草帽放在講臺，然後從左到右掃視了整個軍營，說道：「永不放棄！」然後又從右到左掃視了整個軍營，說道：「永不放棄！」當時整個軍營鴉雀無聲，連一根針掉在地上的聲音都可以聽到。然後他又從左到右掃視了一次整個軍營，加大音量說：「永不放棄，永不放棄，永不放棄，永不放棄！」整個軍營都興奮起來，歡呼聲和擁抱淹沒了整個軍營。此後英國連連打敗了德國法西斯的進攻。

這就是邱吉爾最著名的演講，世界上最震撼的演講，同時也是世界上最短的演講。對此，你有什麼想法嗎？在這個講究效率的時代，不要再用你的長篇大論來浪費彼此的時間，折磨別人的耳朵了，簡潔明晰地表達自己的觀點才能收到更好的效果。

妙語點睛

> 說話囉唆的人就像在打國際長途電話，你必須為你所說的每分鐘付費。

一句話的威力

一句話的威力究竟有多大？

一個演講藝術家曾說過這樣的一句話：「有的語言說出口後就像落葉一樣飄逝了，可有的語言，說出口後卻像鮮花一樣讓人能感受到它的美麗，並且這美麗的語言之花還將在人們的心靈裡孕育出溫馨的果實。」

人活在這個世上，難免會遇到各種各樣的困難。很多時候，只要我們善於發揮自己的聰明才智，發揮出說話的巨大威力，就可以解決很多問題。在面對困難和險境時，大家都想破了腦袋，卻依然想不到該如何解決。但是，有些富有智慧的說話高手，卻能夠用一句話，就將局面扭轉，使問題迎刃而解，從而達到預期的目標，取得了最終的成功。

▌一句話成就一位金牌業務員

在他 18 歲那年，幼年喪父的喬‧庫爾曼成為一名職業球手。後來，由於自己的手臂受傷，他只得回到家中做了一名壽險業務員。29 歲那年。他成為美國薪水最高的業務員之一。在 25 年的業務生涯中，他銷售了 4 萬餘份壽險，平均每日 5 份，這使他成為美國的金牌業務員。

庫爾曼把自己的成功歸結為「用一句具有魔力的話來改變糟糕的局面。」這句有魔力的話是：「您是怎麼開始您的事業的？」庫爾曼在自己的傳記中寫到：「這句話似乎有很大的魔力，看看那些忙得不可開交的人吧，只要你提出那個問題，他們總是能擠出時間來跟你聊。」

他舉了一個最典型的例子來論證這種魔力。剛開始跑業務時，他遇見了羅斯。他是一家工廠的老闆，工作非常繁忙。很多業務員都在他面前無功而返。

庫爾曼：「您好。我叫喬‧庫爾曼，保險公司的業務員。」

羅斯：「又是一個業務員。你是今天第 10 個業務員，我有很多事要做，沒時間聽你說。別煩我了，我沒時間。」

庫爾曼：「請允許我做一下自我介紹，10 分鐘就夠了。」

羅斯：「我根本沒有時間。」

庫爾曼低下頭用了整整 1 分鐘時間去看堆放在地板上的產品，然後，他問羅斯：「您做這一行多長時間了？」羅斯答：「哦，22 年了。」

庫爾曼問：「您是怎麼開始做這一行的？」這句有魔力的話在羅斯身上發揮了效用。他開始滔滔不絕地談了起來，從自己的早年不幸談到自己的創業經歷，一口氣談了一個多小時。最後，羅斯熱情邀請庫爾曼參觀自己的工廠。那一次見面，庫爾曼雖沒有賣出保險，卻和羅斯成了朋友。在接下來的三年裡，羅斯從庫爾曼那裡買走了 4 份保險。

如果你也是從事銷售工作的人，不妨試試這句話。

▌一句話除掉叛軍

北宋真宗年間，北宋西夏兩國的邊境上經常發生戰事。卻說這一年，在兩國交界的渭州，北宋士兵偷偷投敵的特別多，西夏將軍們高興極了。可是有一天，一個埋伏在北宋中軍帳的西夏軍探子向主帥報告了這樣一件事：

前天下午，宋軍渭州守將曹瑋正在和客人下象棋。有一個部將報告說：「將軍，今天又發現 50 多個士兵叛逃到西夏國去了。」

「知道了，」棋正下得興致勃勃的曹瑋聽完了報告後依然鎮定自若，一點也沒有驚慌失措的樣子。報告人話音一落，他就不假思索似的答道：「慌什麼，那都是我派過去的！」

　　曹瑋這句話剛出口，好像發覺自己說漏了嘴似的，立即抬起頭來環顧左右，直到他看到在場的都是自己的親兵，才沒有再說什麼。可是，他的親兵無意中把這一重要情況洩露給了西夏國在宋軍中的那個探子。這一情況很快就傳給夏軍主將。

　　「原來是這樣，我本來就在疑心這些宋兵是否是真心來投誠的。」夏軍主將恍然大悟，「來人呀，把所有投誠過來的宋兵全部都給我斬了！」一聲令下，先後投奔夏軍的幾百名宋軍士兵全部被殺掉了，而且，西夏兵還把他們的腦袋一個個扔到了國界上。

　　等到這批宋軍降兵都被殺完之後，西夏軍主將細細一想，才大聲道：「不好，我們中了曹瑋的奸計啦！」正當他後悔得跺腳捶胸的時候，渭州將軍府內曹瑋正在哈哈大笑呢。原來，這正是曹瑋隨機應變，用一句假話達到了借刀殺人的目的。從此，宋軍士兵便再也沒人敢向西夏軍投降了。

　　在戰爭中和在商場競爭中，很多時候，為了消除對方的力量，你不需要浪費很多人力、物力、財力，只需要運用你的智慧，再加上幾句有威力的話，就足以瓦解對方的力量於無形。

　　有時候，話語貴精不貴多；有時候，一句話足以改變整個局面；有時候，一句話足以讓我們達到目標，取得成功！只要運用我們的智慧，一句話就可以幫助我們避免拐彎抹角與橫生枝節，抓住要表達的東西的精髓，達到一語中的、一招制勝的效果。

妙語點睛

> 我們說話的終極目標就是：用一句話點石成金。

話不在多，點到就靈

古人云：「山不在高，有仙則名；水不在深，有龍則靈。」說話也是如此，話不在多，點到就靈。在生活節奏緊張快速的現代社會中，沒有人願意花費大量的時間去聽你的長篇大論。這就要求你在談話時要做到言簡意賅、一針見血。

《三國演義》中有一段「白門樓斬呂布」的故事。呂布被曹操所擒，曹操考慮到呂布本領高強，有心饒他不死，留下為己所用。為此，他徵求劉備的意見。劉備擔心呂布歸順曹操後，不利於日後自己稱雄天下，希望曹操處死呂布。這時，劉備本可以列舉呂布的很多劣跡，但他僅選擇了呂布心狠手辣、恩將仇報、親手殺死義父的典型事例來說服曹操。劉備只說了句：「公不見丁建陽、董卓之事乎？」一句話提醒曹操，呂布反覆無常，很難成為心腹，弄不好就會成為呂布的刀下鬼。於是，曹操下定決心，立斬呂布。

話要說到點子上才能起到關鍵性的作用。所以話並不是說得越多才越有說服力，要抓住問題的要害，才能事半功倍。因此若要在人際交往中處於不敗之地，就要有副好口才，就像我們辯論一樣，抓不住對方的論點要害，永遠也不能把對方擊敗。

講話還是短一點、實在一點好，長篇大論、泛泛而談效果反而不好。

1984 年，新當選的法國總理勞倫特・法比烏斯（Laurent Fabius）發表的就職演說則更是短得出奇，有人這樣描述道：「還沒等人們醒悟過來，新總理已轉身回辦公室去了。」

他的演說詞中，只有兩句話：「新政府的任務是國家現代化，團結法國人民。為此要求大家保持平靜的心態，拿出最大的決心。謝謝大家。」

這篇演講言辭委婉、內容精鍊，可謂獨具匠心，廣為流傳。

第 5 章　言簡意賅，一語中的顯幹練

英國人波普說：「話猶如樹葉，在太茂盛的地方，很難見到智慧的果實。」平時與人交談，盡量做到簡單明瞭，不要拖泥帶水，不要說了半天讓人不知所云。說話要簡潔，不囉唆，讓聽者明白你的意圖，這樣你的交際才能順風順水。

在林肯當總統前，有人問他有多少財產。當時在場的人期待的答案多數是多少萬美元、多少畝田地。然而林肯卻扳著手指這樣回答：「我有一位妻子、一個兒子，都是無價之寶。此外，也租了一個辦公室，室內有一張桌子、三把椅子，牆角還有一個大書架，架上的書值得每人一讀。我本人又高又瘦，臉蛋很長，不會發福。我實在沒有什麼可依靠的，唯一可靠的財產就是 —— 你們！」

林肯當律師的時候，有一次他作為被告的辯護律師出庭。原告的律師把一個簡單的論據翻來覆去地講了兩個多小時，好不容易輪到林肯上臺作辯護。林肯走上講臺，卻一言不發。他先把外衣脫下放在桌上，然後拿起水杯喝了口水，接著又重新穿上外衣，然後又喝水。如此動作一連重複了五六次，法庭上的人當時會心地笑得前仰後合。

南北戰爭爆發時，各報向林肯提出各種莫名其妙的建議。林肯耐著性子聽完了一位紐約記者提出的冗長的作戰方案之後，說：「聽了你的建議，我不禁想起了一個小故事。幾年前，有人在堪薩斯騎馬旅行，因為人煙稀少，無路可行，他迷失了方向，更糟糕的是隨著夜幕降臨，出現了可怕的雷暴。隆隆的雷聲，震撼大地；道道閃電，瞬息之間照亮地面。這個失魂落魄的人，最後下了馬，藉著時有時無的閃電亮光，開始步履維艱地牽馬行走。突然，一聲驚人的霹靂嚇得他雙膝跪地，呼喊道：『上帝，既然您什麼都能做到，就多賜給我們一點亮光，少來點刺耳的聲音吧！』」

可見，用盡量少的字句涵蓋盡量多的內容，是說話的最基本要求。

　　漢武帝好巡遊，一次，在他病好以後到甘泉視察，發現甘泉官道坎坷難行，事先未整治，不禁惱怒從心而起：「難道義縱覺得我必定駕崩鼎湖，連甘泉也來不了了嗎？」

　　這件事本是義縱的疏忽，但情急之中義縱竟難以置辯。不久，漢武帝就找藉口殺了義縱。

　　漢武帝好騎馬遊獵，一次大病之後，猛然發現宮中御馬竟比以前瘦了許多。

　　他喝令叫來管馬的上官桀，罵道：「你是不是以為我該病死，連御馬也看不到了？」說罷便要治罪。

　　上官桀非常機智，急忙申辯說：「臣萬死不辭，唯知陛下聖體欠安，臣日夜憂慮，無心餵馬。臣確實已失職，陛下願殺願罰，都請自便，只要陛下聖體健康，臣死而無憾！」言未畢，泣不成聲。

　　沒有養好馬與沒有修好官道一樣，都是沒有盡到職責，但是上官桀卻很高明地將失職轉成盡忠的表現。言語之間，使漢武帝覺得他極為忠誠。結果，上官桀不僅沒有被殺頭，反而受到重用，累官至騎都尉。可見說話時能夠切中要害有多關鍵。

　　從前有個商人新開了一家酒店，為了招攬顧客，特備厚禮請幾個秀才為他寫一塊招牌。甲秀才大筆一揮寫下了「此處有好酒出售」七個大字。眾秀才議論紛紛，乙秀才說：「『此處』二字太囉唆。」丙秀才說：「『有』字也屬多餘。」丁秀才認為酒好酒壞顧客自有評價，「好」字應當刪去。這時甲秀才帶著幾分怒氣認真地說：「如此說來還是乾脆只留個『酒』字算了。」眾秀才頻頻點頭讚許，大家也欣然接受。

　　現在，我們看到許多售酒處都會貼一個「酒」字或者掛一個「酒」字招牌，就是由這樣一個故事演變而來的。

　　簡潔能使人愉快，使人舒暢，使人易於接受。說話冗長累贅，會使人茫然，使人厭煩，達不到目的。簡潔明瞭的清晰聲調，一定會使你事半功倍。人們交流思想、介紹情況、陳述觀點的時候，為了能夠使對方更快地了解自己的意圖，領會要點，往往是用高度凝鍊的語言。在開口之前，先讓舌頭在嘴裡轉個圈，把多餘的廢話吞掉，一開口就往點子上說，才能在激烈的社會競爭中處於不敗之地。

妙語點睛

> 「花錢花在刀刃上，敲鼓敲到點子上」，話說在點子上，對方自會欣然接受。

語言簡明而不簡單

　　古人認為文貴簡明，崇尚「文約而事豐」。現代社會，生活節奏越來越快，提倡寫短文、說短話，比任何時代都講究實效，注重簡明。說話要簡明，語言要精鍊，就是要以最經濟的語言手段表達出最豐富的思想內容，使聽眾在較短的時間內與說話者進行有效的交流。

　　記得有位作家在領一個文學獎時，應邀發表了這樣的即興演講：「瓜田裡有很多瓜，我就是其中一個，並不比別的瓜大、好，只是長在路邊上，被人發現了。」

　　作家將自己比作普通的瓜，被人發現只不過是運氣好而已，謙遜、雅緻而又幽默。感言簡潔明瞭，但絕不簡單，其含義深刻，讓人聽後難忘。

　　一個人要在人際溝通中做到說話簡潔卻不簡單，一語中的，應該從以下四個方面加強自己。

▌抓住重點，理清思路

我們平時與人寒暄或進行簡短的交談時，是比較隨便的。但在正式場合——比如主持會議、討論問題、開會發言、演講等情況下——就不一樣了，它要求說話者對所說的內容應有深刻的理解，並對整個講話過程做出周密的安排。一般來說，有以下三點要求。

◆ **掌握中心**：說話最忌離題胡扯、不著邊際。說話與寫文章一樣，要緊扣中心，不枝不蔓。而說話扣題，首先要明確中心是什麼，定了中心，也就確定了說話材料的取捨。圍繞中心，對雜亂的材料整理、歸類，從中找出材料間的內部關聯，能說明中心的留下，不能說明中心的去掉，這樣才能保證說話扣題。

◆ **言之有序**：說話不能靠材料堆積吸引人，而要靠內在的邏輯力量吸引人，這樣才有深度。要較多地採用由近及遠、由淺入深、由已知到未知的順序安排。時間順序最好按過去、現在、未來進行安排，這樣聽眾才容易理解。

◆ **前後連貫，首尾相接**：說話的開頭至關重要，它的好壞直接影響說話的進程和效果，因而一定要有一個引人注意的開場白，迅速引起聽眾對你的興趣和好感，並及時切入正題；多層意思之間過渡要靈活、自然；結尾時應進行歸納，簡明扼要地突出主題，以加深聽眾的印象。

▌遣詞貼切，表達清楚

講求語言的準確性，是對語言實效性的基本要求。與人交流中，如措辭不當或對交際對象不了解，就會引起對方的誤解或反感，達不到溝通的效果。這時就得加以控制調節，換一種說法，選用恰當的詞語，便會使對方易於理解、樂於接受。那麼，怎樣才能做到選詞準確呢？

- 用詞要認真推敲斟酌，精選最能反映說話要旨的詞語，使之「以一當十」、「言」半功倍，以求辭約意豐。
- 要注意辨析詞義，使說話達意、恰當。詞義有輕重之別，例如「損壞」、「毀壞」和「破壞」。詞義也有範圍大小之別，例如「邊疆」和「邊境」。詞義的感情色彩更不能忽視，例如「鼓動」和「煽動」、「果斷」和「武斷」、「保護」和「庇護」、「團結」和「勾結」，其褒貶之別是千萬不能混淆的，如有誤用，其後果是很嚴重的。

▎言簡意賅，短小精悍

說話應該言簡意賅，以少勝多，這樣才能引起聽眾的興趣，也便於聽眾理解和記憶說話的內容。對於那些與主題無關的廢話、言之無物的空話，聽眾極為厭煩。要達到言簡意賅，講求實效，就應做到以下兩點。

- **長話短說，避免囉唆**：在說話之前，先做到自己心中有數，對講述內容分清主次，確定詳略。對於別人熟悉的、愛聽的多說，對於別人不熟悉、不關心的少說；事情的重點、要點，要簡要交代清楚，而枝節問題則可一語帶過。
- **多用短句，少用長句**：這並不是說長句不好，長句有其優點，能夠表達縝密的思維、委婉的感情，能夠造成一定的講話氣勢。但是，由於長句結構比較複雜，如果停頓處理不好，不但講話者覺得吃力，就是聽眾聽起來也要耐著性子。而短句的表達效果簡潔、明快、有力。當然，長短句的區別是相對的，該長則長，該短則短，短句同樣要恰到好處，切中主題。
- 戒掉口頭禪

　　一些不良的語言習慣，往往不同程度地影響著語言的表達，說話時應加以注意。口頭禪是一種語病，原指人們不懂禪理，卻喜歡以僧人常用的禪語作為說話的輔助性語言，後來泛指在說話中反覆出現的無實際意義的詞語。其表現形式多種多樣，如「是不是」、「對不對」、「是吧」、「對吧」、「反正」、「這個」、「那個」等。這些口頭禪為簡潔、流暢地說話帶來阻力，更主要的是某些口頭禪還可能傷害對方的情感，如有人喜歡說「我告訴你」、「你懂嗎」等口頭禪，給人自以為是、盛氣凌人之感，令人感覺不快，從而影響人際關係。因此，有口頭禪的人，必須針對具體情況，有意克服，認真矯正。

　　要使自己的語言簡潔凝鍊，不是一件很容易的事，從「兩句三年得，一吟雙淚流」、「吟安一個字，撚斷數莖鬚」等名句中，我們能看得出古人追求語言簡潔所做的努力。使自己的語言達到「少而準」、「簡而豐」，重要的是要培養自己分析問題的能力，要學會透過事物的表面現象，抓住事物的本質特徵，也要善於綜合概括。在此基礎上形成的語言，才能準確精闢，既有力量又具魅力。

妙語點睛

語言要做到簡明並不容易，在平時就要培養自己分析問題的能力，這是一個長期累積的過程。由事物的表面看透其本質，並善於概括，如此，語言才能精闢，充滿力量又具魅力。

反覆琢磨你的語言

　　說話言簡意賅的人都有一個共同點，那就是具有非常出色的語言組織能力。詞語是人說話的基本元素，用對了字眼不僅能打動人心，更能帶出行動，而行動便能創造出另一種人生。馬克・吐溫說：「恰當地用字極具威力，每當我們用對了字眼……我們的精神和肉體都會有很大的轉變。」

　　說話時需要精心遣詞，恰當用字，這樣不僅可以準確地表達自己的意思，而且能夠感染聽者。

　　交談時，若是你說對了話，就能使人歡笑、排除心病、給人希望；若是說錯了話，就會使人難過、傷心、令人絕望。

　　歷史上許多偉大人物就是因為善於運用字眼的力量，大大地激勵了當時的人們。當派翠克・亨利（Patrick Henry）站在十三州代表之前慷慨激昂地說道：「我不知道其他人要怎麼做，但就我而言，不自由，毋寧死。」這句話激發了幾代美國人的決心，發誓推翻長久以來壓在他們頭上的苛政，結果星火燎原，美利堅合眾國由此誕生。

　　有一位偉人曾在演講中這樣說道：「今天我們得以享受到充分的自由時，不要忘了《獨立宣言》，它是兩百多年來所給予我們每個人的保障。同樣，當我們這些年致力於種族平等時，不要忘了那也是因為某些字眼的組合而激發出來的行動所致。沒有人會忘記馬丁・路德（Martin Luther King）打動人心的那一次演講，他說：『我有一個夢想，期望有一天這個國家能真的站立起來，信守它立國的原則和精神。』……」的確，用詞恰當不僅能打動人心，還能引導行動。

　　從某種程度上說，人類的歷史就是由那些具有震撼力的語言推動的，然而卻鮮有人知道那些偉人所擁有的語言力量也能夠在我們的身上找到。

這能改變我們的情緒、振奮意志，乃至於有膽量面對一切的挑戰，使人生更加豐富多彩。

那麼如何提高你的語言組織能力呢？答案就在於認真觀察、努力練習。

把自己看到的景、事、物、人等用描述性的語言表達出來，就是描述。在進行描述訓練時，你完全可以充分發揮你的全部才能，把很多合理的內容增加進去，這樣你的描述就會更充實、更生動。

利用描述的方法訓練口才，比前面介紹的幾種方法更進了一步。這種方法沒有現成的對象，完全是你自己能力的體現，完全是一種創造。對於同一描述對象，不同的人有不盡相同的表述，即使同一個人，不同的時間也可能有不盡相同的表述。

這種訓練的主要目的就是培養你的語言組織能力、對事物的觀察能力和敏捷的思維能力等。

無論是平時的談話、聊天，還是論辯、談判、演講，都必須具有較強的語言組織能力，沒有這種能力，就不可能擁有一張懸河之口。口語表達能力的基本功就是語言組織的能力。

你可以先選擇一幅畫或一處景物作為描述的對象，然後按照下面的步驟進行。

第一步，確定對象，仔細觀察。比如，描述的對象是「秋天的小湖」，你就要觀察一下，這個湖的周圍有什麼：是不是有樹？有山？有涼亭？有遊人？如果有樹，樹是什麼樣子；如果有山，山是什麼樣子；如果有涼亭，在這湖光山色、樹影的襯托下，涼亭是什麼樣子。你還可以想像，在這秋天裡，遊人是一種什麼心情……這一切都需要你用自己的眼睛去觀察，用你的心去體驗。有了這種觀察，描述才有基礎，才能有效地進行。

第二步，具體描述。描述時，你一定要抓住對象的主要特徵，使用準

確的語言進行描述。描述必須注意順序，如從上到下、從左到右，或先中間後兩邊等。只有掌握了這些要素，才能進行很好的描述。描述要抓住特點。使用語言要清楚、明白，具有一定的文采，不能平平淡淡。要用描述性的語言，盡量生動、活潑。描述要講順序，不能像流水帳，也不能東一句、西一句。描述出來的東西，要讓人聽了以後就能知道你描述的對象是什麼樣子。描述時要充分發揮自己的聯想能力，進行合理的虛構和藝術創造。

比如，在「秋天的小湖」裡，你觀察到湖邊一位白髮蒼蒼的老爺爺，孤獨地坐在斑駁陸離的樹蔭下，你就可能想到了自己的爺爺，也可能想到這個老人的生活晚景，還可能想到李商隱的詩句「夕陽無限好，只是近黃昏」……

我們在跟別人說話時用詞常常十分謹慎，然而卻不留意自己習慣用的字眼，殊不知我們所用的字眼會深深影響我們的情緒，也會影響我們的感受。因此，如果我們不能好好掌握怎樣用詞，隨著以往的習慣繼續不加選擇地用詞，很可能就會扭曲事實。選擇使用積極性的字眼，能夠振奮人心。反之，若是選擇使用消極的字眼，就會讓人自暴自棄。

一個人若是只擁有有限的詞彙，那麼他就只能體驗有限的情緒；反之若是他擁有豐富的詞彙，那就有如手中握著一個可以調出多種顏色的調色盤，可以盡情來揮灑你的人生經驗。

妙語點睛

> 認真觀察，然後不斷修正自己的描述，仔細琢磨語言，這樣你的話才會字字珠璣。

說話要有的放矢

我們在平常的生活和人際交往中，失言不可避免。失言的原因是多方面的，但其中最根本的原因，往往是因為語意含糊，缺乏明確目的。

談話不只是一種社交上的需要，也不只是為了互相認識一下，而是要彼此傳達自己的意識和思想。所以，在說話時要首先明確自己的目的，要把話說明白，讓對方能夠聽懂、理解。

例如，你邀請一位朋友加入一個團體，或者請一位醫生解決一個醫療問題，或是買賣雙方談論生意上的事情，這一類談話究竟和一般社交性質的談話有什麼不同呢？在有些方面，兩者是一樣的。例如，你要具有一般的談話能力，要能夠適應對方，盡可能了解對方的特點，要表現出興趣，態度要友好而又真誠等。但不同的是，這類談話，每次都有一個特殊的目的。

一般來說，人們說話的目的，不外乎以下 5 種：

◆ **傳遞資訊或知識**：如課堂教學、學術報告、現場報導、產品介紹、展覽解說等一類的說話。

◆ **引起注意或興趣**：多是出於社交目的，或為了與人接觸，或為了與人溝通，或為了表明自身的存在，或為了取悅於人，如打招呼、應酬、寒暄、提問、拜訪、導遊、介紹、主持人講話等。

◆ **爭取理解和信任**：如人們交談、敘舊、話家常、談戀愛等，往往旨在交流感情，增進友誼，拉近關係。

◆ **受到激勵或鼓動**：旨在加強人們現有的觀念，堅定信心，振奮精神，有時也要求得到行動上的反應，如讚美、廣告宣傳、洽談、請求、就職演說、鼓動性演講以及聚會、畢業典禮和各種紀念活動、慶祝活動中的講話等。

第 5 章 言簡意賅，一語中的顯幹練

- **說服或勸告**：諸如談判、論辯、批評、法庭辯護、競選演說、改革性建議等，大多力圖改變對方的某種觀念或信念，阻止對方採取某種行動。

堅持「話由旨遣」的原則，明確說話的目的，是說話取得成功的首要條件。目的明確，談話、社交往往才能夠取得良好的效果。

只有明確了目的，才知道應該準備什麼話題和資料，採取何種語體風格，運用哪些技巧，「抓住一點，不及其餘」從而能夠做到有的放矢，臨場應變。若目的不明，不顧場合地信口開河、東拉西扯，對方就會不知所云，無所適從。

林肯曾說：「在一場官司的辯論過程中，如果第七點議題是關鍵所在，我寧願讓對方在前六點占上風，而我在最後的第七點獲勝。這一點正是我經常打贏官司的主要原因。」我們一起來看林肯是怎樣用他所說的辦法打贏了一場著名的官司。

當時，美國的羅克島鐵船公司打算建一座大橋，把羅克島和達文波特兩個城市連接起來。但是輪船公司竭力阻撓修橋提案，因為一旦鐵路修建成功，就斷了他們的財路。於是，美國運輸史上最著名的一個案件開庭了。

時任輪船公司辯護律師的韋德，是當時美國法律界很有名的「鐵嘴」。法庭辯論的最後一天，韋德站在那裡滔滔不絕，足足講了兩個小時。等到羅克島鐵路公司發言時，聽眾已經顯得非常不耐煩了。這正是韋德的計謀，他想以此擊敗對手。然而，出乎韋德意料的是林肯只說了一分鐘。

羅克島鐵路公司的辯護律師林肯站起身來，平靜地說：「首先，我對控方律師的滔滔雄辯表示欽佩。然而，陸地運輸遠比水上運輸重要，這是

任何人都改變不了的事實。陪審團各位，你們要裁決的唯一問題是，對於未來發展而言，陸地運輸和水上運輸哪一個更重要？哪一個不可阻擋？」

片刻之後，陪審團做出裁決，建橋方獲勝。

不可思議的一分鐘，讓林肯聲名遠揚。

對方律師整整花了兩個小時來為委託人申辯，而林肯本來可以針對他所提出的論點一一進行駁斥，但他並沒有那樣做，而是將論點集中到一個關鍵點上，只用了一分鐘的時間，就駁回了對方的論點。所以在溝通中，話不在多，而在於是否說到了點上，是否傳達出了最主要的意思。任何一句話只要讓對方明白了你的意思，就是有效的話。在與人溝通的時候，試著簡要地說出自己的目的，你會發現，這樣的溝通最有效。

明確了要表達的主要內容，還要透過語言進行傳遞，語言是否恰當、貼切會直接影響資訊傳達的效果。清晰準確的語言能夠最大限度地表現說話人的原意，而含糊不清的語言會阻礙資訊的有效表達，甚至被人誤解原意。

要想使語意清晰，一定要注意遣詞造句，恰當地用詞才能準確地表達自己的意思。另外，適當的語句還能起到感染聽眾的作用。

想清晰準確地表達自己的意思，就要善於精鍊自己的用詞，豐富的學識是準確的前提，平常我們要勤於累積。

每次與人交流之前，不妨先自問一番：「我要向對方傳達什麼資訊？」或者「對方想要獲知什麼內容？」預先想一想自己的表達要達到什麼樣的效果，並把預期的效果當作目標，為之努力。

我們經常說一個人口才好，並不是指他在別人面前怎麼侃侃而談，而是說他的每句話都能說到點上，能起到真正的作用。相反，一個人即使能把一件事說得天花亂墜，但不得要領，那也只是在說廢話。

妙語點睛

> 俗話說「話多不如話好，話好不如話巧」，說話有的放矢，這樣才能說到對方的心裡。

適時的沉默有魅力，更有威力

　　人們總說沉默是金，而我們主張要開口說話，發揮口才，不能總是沉默。在這樣的社會裡，總是保持沉默是不合時宜的，畢竟只有透過語言表達，你才能將自己的才華展現出來，讓自己的性格魅力散發光彩，讓別人透過你的談吐來了解你、欣賞你。不過，凡事都要有分寸。如果以為沉默是金不合適，而偏偏要矯枉過正，不論什麼場合、什麼地點，一律張揚，肆意表現自己，滔滔不絕，也不是理想的狀態。

　　正所謂「言多必失」、「禍從口出」。說出去的話，潑出去的水，就再也收不回來了。情緒一激動就口無遮攔、中傷別人，打擊別人的自尊心，讓別人下不了臺，或者喧賓奪主、誇誇其談，把真正的主角晾在一邊，都是錯誤的做法。

　　人與人的關係是很微妙的，往往一句「說者無意，聽者有心」的話，就不知不覺對別人造成了傷害；即使你本意並不想傷害別人，卻總是處處顯示自己，讓別人陷入被動、尷尬的局面，那就糟糕了。更何況，在錯綜複雜的交際網中，在城市的每一個角落裡，無時不隱藏著危機，有「一失足成千古恨」的先例，更有禍從口出、引火上身的酒桌之言。無心之言、戲言都隨時可能帶給你這樣或那樣的結果，造成上下級間的關係緊張、夫妻間的關係不和、朋友間的誤會、鄰里間的矛盾等。所以，言多必失，聰

明人都懂得這個道理，絕不會將自己的精力浪費在說廢話上。

愛因斯坦在研究出相對論之前，一直默默無聞地在小鎮上生活著，過著深居簡出的日子。他一心投入在理論的研究中，從不會為了自己的頭髮長短或者衣服的搭配而浪費時間。有一天，他在街上遇到了一位久違的朋友，朋友看見他不修邊幅的樣子十分吃驚，勸他注意一下形象，不要再穿得隨隨便便就出門。誰知愛因斯坦卻回答道：「這有什麼關係？反正這裡的人都不認識我。」

他在理論上取得重大突破之後，一夜成名，可他還是和從前一個樣子，寧可把時間花在讀書、拉小提琴上，也不願意修飾一下自己的穿著，仍和從前一樣隨便、簡單。一天，他又遇到了那位老朋友，老朋友看見他這副樣子更加驚訝，勸他好好打理一下頭髮，換兩件衣服，改變一下形象。可愛因斯坦卻說：「這有什麼關係？反正這裡的人已經都認識我了。」

想想看，如果愛因斯坦不是這麼平靜地回答朋友的提問，而是一大篇的廢話，那麼出名之前，人家可能會覺得這個人不安分，總是抱怨現狀、想入非非；出名後，人家肯定以為他目中無人、自以為很了不起。所以，與其話太多給人留下把柄，不如沉默下來，給人留有想像的空間，避免授人以柄。

話太多會招致別人的反感，也會招致別人的嫉妒。也許有時候你的話無傷大雅，可是為了表現自己而處處張揚的人，會給人華而不實、聒噪膚淺的感覺。滔滔不絕把自己的優點、缺點全部暴露，可能也算是一個優點，但對那些不熟悉的人、無關緊要的人，表達得過分了，也就失去了神祕感。讓人一眼就能看穿，顯得內涵不夠，讓人懷疑你腹中空空。

有些話可能有些庸俗，但細細想來卻是不變的真理：「做人留三分」、「木秀於林，風必摧之」。過於張揚，開口便喧賓奪主、口若懸河，即使

你有真才實學，也難免令人反感。你不如適當保持沉默，讓人感覺你高深莫測、成熟穩重。凡事在心不在口，如果你平時不顯山露水，說話不多卻思路清晰、言之有物，那麼在關鍵時刻，那些平時愛好吹噓的人反而會各個退後，讓你站出來解決難題。這時候，別人一定非常驚訝，著實佩服你的能力。當然，我們推崇的沉默不是扭捏作態，而是擁有真正的內涵。而擁有真正內涵的人，通常也明白保持沉默的道理。

有這樣一個寓言故事，用來說明沉默的「分寸」再合適不過了。

有一天，青蛙問公雞：「你看我每天在池塘裡叫啊叫的，多好聽啊，是自然的聲音呀！可是為什麼人們還嫌我煩呢？而你每天就叫那麼一兩聲，又打擾人家睡覺，可是怎麼人們還是那麼喜歡你呢？」

公雞微微一笑，說道：「那是因為我叫他們起床工作，勤勞播種，才能豐收。而你呢，每天在中午人家休息的時候大叫大嚷，什麼用都沒有，還打擾人家休息，怎能不讓人厭煩呢！」

適當沉默，就是掌握好說話的分寸，別因為膽怯緘默而錯失交流的機會，也別因誇誇其談而招致別人的反感。真正懂得交往真諦的人，都知道什麼時候閉嘴，知道怎樣才能不說廢話，開口即可「一語中的」。

過去，心理學家常常認為人們應該把自己的心裡話講出來。但現在他們逐漸發現，在與他人的交往中，有時更需要忍耐和沉默。有時候，不說比說更有威力。

狹義的沉默是指一言不發、緘口不語；廣義的沉默則是指不透過言語，而是運用目光、神態、表情、動作等，間接地表達自己的思想感情。在生活中，沉默具有豐富的內涵：第一，沉默可以避免衝突升級；第二，沉默可以做暗示性表態。正如古羅馬著名演說家、政治家西塞羅（Marcus Cicero）所說：「沉默蘊含著一種藝術，也蘊含著雄辯。」

　　古時候，有個農民牽著一匹馬到外地去，中午走到一家客棧用餐，他把馬拴在了旁邊的一棵樹上。這時一個商人騎著一匹馬過來，將馬也拴在了這棵樹上。農民見了忙說：「請不要把你的馬拴在這棵樹上，我的馬還沒有被馴服，牠會踢死你的馬。」但那商人不聽，拴上馬後便進了客棧。

　　過了一會，他們聽到馬的嘶叫聲，兩人急忙跑出來看，商人的馬已被踢死了。商人拽住農民就去見縣官，要農民賠馬。縣官向農民提出了許多問題，農民卻裝作沒聽見，一字不答。

　　縣官轉而對商人說：「他是個啞巴，叫我怎麼判？」商人驚訝地說：「我剛才見到他的時候，他還說話呢。」縣官接著問商人：「他剛才說了什麼？」商人把剛才拴馬時農民對他說的話重複了一遍，縣官聽後說：「這樣看來是你無理了，因為他事先曾警告過你。因此，他不應該賠償你的馬。」

　　這時農民開了口，他告訴縣官：「我之所以不回答問話，是想讓商人自己把事情的全部經過講清楚，這樣不是更容易弄清楚誰是誰非嗎？」

　　沉默是人際溝通的無聲「武器」。在日常交際中，遇到難以說清是非的問題時，你不妨也像這位農民一樣，以無言應對喧譁，這會產生比硬碰硬更大的震懾力量。

妙語點睛

　　在適當的時候保持沉默，其實是一種高明的糊塗術。

第 5 章　言簡意賅，一語中的顯幹練

第6章
嘴上抹蜜，良言一句三冬暖

　　讚美對於溝通來說，可謂一劑靈丹妙藥。讚美的春風可以彌補溝通中的種種缺憾，從而使人與人之間的溝通更加輕鬆、便捷。

　　讚美是極具效率的溝通語言，一個善於讚美他人的人往往會擁有良好的人際關係。讚美可以拉近人與人之間的距離，讓人與人之間的相處更加和諧；讚美是利器，可以剔除一切溝通中的不和諧因數；讚美也是潤滑劑，可以讓人際關係更加順暢；讚美更是一種非常有效的情感投資，它能讓你與別人的相處更有效率，對人際關係更加有利。讚美讓家庭和睦，讚美讓工作愉悅，讚美讓生活美好。

　　讚美是一種力量，能夠給予別人自信。在人際交往中，學會適當巧妙地讚美別人，不僅是對別人的一種激勵，更是自己人格魅力的體現。人最大的慾望莫過於受到外界的認可與讚揚。讚美別人，就彷彿用一支火把照亮別人的生活，也照亮自己的心田，還有助於傳遞讚美的美德。

讚美是冬天裡的陽光

　　秦國有位能言善道之士叫中期。有一天，他應召入宮，和秦王討論政事，結果把秦王駁得體無完膚。秦王大怒，心想：你怎能一點都不顧全我這一國之君的臉面呢！而中期卻不理不睬，緩緩走出宮去。秦王恨恨地說：「不殺你這賊子我誓不甘休！」

　　中期回來後，便托一位朋友進宮去對秦王說：「中期真是個粗人！剛才他是遇到聖明的君主了，因為大王您沒有責怪他出言不遜。假如換了夏桀商紂那樣的暴君，早就把他給殺了。我要向人們宣傳此事，讓大家都知道大王的豁達大度，禮賢下士。」

　　秦王頓覺飄飄然：「先生過獎了。中期的話是很有道理的，我還要獎賞他呢！」

　　從這個故事可以看出讚美的神奇魔力，它能消除人的惡劣情緒，從而在危難時刻挽救一個人的性命。這不就驗證了那句俗話「良言一句三冬暖，惡語傷人六月寒」嗎？

　　讚美讓失敗者重新燃起希望的火把，讓猶豫者更加堅定自己前進的步伐，讓自卑者忘卻失意，重拾自信。成功學大師拿破崙·希爾曾說：「人類最深的需求是渴望他人的讚美。」根據馬斯洛的需求金字塔，人除了基本的生存需求外，還需要更高層次的需求——精神糧食帶來的身心愉悅，而精神糧食之一便是讚美。

　　春風化雨，一句讚美的話能瞬間改變人的心境，讓人的態度從消極冷淡變得愉悅熱情。人人都需要讚美，渴望被讚美是人類普遍的心理需求，是人性中最根深蒂固的本性。

　　一位老人衣衫襤褸，每天都會出現在街頭固定的地方，賣藝求生。他的彈奏很精彩，有很多人施捨錢財給他，沒多久，他面前的錢就很可觀了。可是老人一直都不去看滿滿的錢罐，只是靜靜地閉目坐著，繼續自己的彈奏。忽然，一陣熱烈的掌聲喚起了老人的注意，「你的彈奏真是美妙極了！」一位遊人邊鼓掌邊真誠地發出讚嘆。老人的臉上露出了欣慰的笑容，原來他一直期待的就是一位讚美者。

　　林肯曾說：「每個人都希望受到讚美。」讚美是一種精神的褒獎，它不同於物質上的滿足，能讓人產生更長久的幸福感。故事中的老人雖然是一個靠賣藝為生的乞討者，但是追求讚美也是他最大的內心需求。滿罐的錢都沒有讓老人抬眼，只一陣熱烈的掌聲就讓老人露出了欣慰的笑容，由此可見，人人都渴求得到讚美，讚美是人類靈魂需求的一部分。

　　人際關係專家卡內基曾說：「喜歡被人認可，感覺自己很重要，是人不同於其他低級動物的主要特性。」正是因為有這種需求，人們才會不斷

表現自我，超越別人，追求完美，以期得到更多的讚美。莎士比亞說：「讚美是照在人心靈上的陽光。沒有陽光，我們就無法生長。」可見，讚美就像陽光一樣溫暖著我們的靈魂，如果生活中沒有了讚美，我們的生活就沒有了養分，就無法正常生長。

馬克‧吐溫說過，聽到一句得體的稱讚，能使他陶醉兩個月。在生活中，我們每個人都期待他人的讚美，因為每個人內心都希望自己所付出的努力被別人看到，自己所取得的成績被別人認可。讚美是對自我價值的肯定，是精神的獎盃。讚美的話能給人自信，讓人精力充沛，讓人獲得內心的滿足。

讚美是一種美好的情感體驗，它讓人快樂，給人自信。它帶給我們的不僅僅是一時的愉悅，而是長久的快樂。

美國「鋼鐵大王」卡內基，曾經開出 100 萬美元的超高年薪聘請一位執行長夏布（Schwab）。當時，許多記者問卡內基原因，卡內基說：「他那張會讚美別人的嘴值得我為之付出這樣的薪水。」

父母經常讚美孩子，家庭氣氛和睦、歡樂；上級經常讚美下級，員工的積極性、創造性不斷被激發，被調動。讚美之於人心，如陽光之於萬物。在我們的生活中，人人需要讚美，人人喜歡讚美。這絕不是虛榮心的表現，而是渴求上進，尋求理解、支持與鼓勵的表現。經常聽到真誠的讚美，明白自身的價值獲得了社會的肯定，有助於增強自尊心、自信心。

有的人吝惜讚美，不願賞賜別人一句讚美的話，他們不懂得，多從正面引導，多表揚鼓勵，是思想培養的一條規律。予人以真誠的讚美，體現了對人的尊重、期望與信任，並有助於增進彼此間的認識和友誼，是協調人際關係的好方法。人人皆有可讚美之處，只不過優點有大有小、有多有少、有隱有顯罷了。只要你細心，就隨時能發現別人身上可讚美的「亮

點」。即使缺點較多或長期處於消極狀態的人，一旦發現稍有改正、要求上進的可喜苗頭，就應及時給予肯定、讚揚。須知你不僅僅是在肯定、讚美某一個人，而是在為你的人際關係添磚加瓦。

無論是懵懵懂懂的孩子，還是白髮蒼蒼的老翁，都有一種想被人肯定，想被人讚美的強烈慾望。讚美的力量是巨大的，父母得到兒女的讚美，就會更慈愛有加；兒女得到父母的讚美，就會更聽話孝順；上級得到下級的讚美，就會更親切和藹；下級得到上級的讚美，就會更加努力工作。

而當你讚美他人的時候，你對他人的讚美也會讓你獲得一種不容易獲得的成就感。在由衷的讚美給對方帶來愉快以及被肯定的滿足時，你也會分享到一份喜悅和生活的樂趣。

讚美是沙漠中的甘泉，讓人的心靈得到滋潤；讚美是冬天裡的陽光，讓人的心靈感到溫暖。

每個人都希望得到別人的讚美，希望得到他人的尊重。因此，只要你的嘴巴「甜」一點，會說話、說好話、巧說話，適時給人送去誇獎和讚揚，讓別人心裡感覺舒服、受用，自然就能融洽雙方的關係。

妙語點睛

人總是喜歡被別人讚美。讚美是人際關係的孵化器，能愉悅人的心情。真誠的讚美能讓人如沐甘霖、心甜如蜜。恰當地讚美別人，會為你的人際交往增添許多成功的機會。

讚美要抓住人品這個亮點

　　裴寬曾在唐代潤州刺史韋詵的手下當參軍。有一次，韋詵看到裴寬住宅後園中有很多人在手忙腳亂地掩埋什麼東西，他感到很奇怪，就把裴寬叫來詢問是怎麼回事，裴寬誠實地回答道：「寬義不以包苴汙家，適有人以鹿為餉，致而去。不敢自欺，故瘞之。」韋詵聽後，為其高尚情操所折服，馬上把裴寬提拔為按察判官，並決定把自己的女兒嫁給他。韋詵回到家中，喜不自禁地告訴妻子此事，並讚不絕口地說：「我們一直想找一個好女婿，如今終於找到了。」第二天，婚禮舉行，韋詵的親戚前來祝賀，但看到裴寬長得又高又瘦，相貌醜陋，有人竊笑不止，把裴寬叫做「綠鸛雀」，令裴寬很尷尬。韋詵卻不以為意，當眾誇獎裴寬的品德高尚，並說：「愛其女，必以為賢公侯妻也，何可以貌求人？」

　　此典故說明：第一，韋詵作為上級，對下屬的考察注重品格。高尚的品德，是嚴於職守的前提，只有品格高尚的人，才會克己奉公，為民而吏。這也從另一方面反映了韋詵自身的品德高尚，讚美年輕人，注意對其內在品格的認可和讚賞，才會使你的讚美成為驅使他進步的真正動力，鞭策其進步。《新唐書》記載，裴寬「為政務清簡，所涖人愛之，世皆冀其得宰相。」第二，韋詵作為父親，為女擇婿，不重其貌卻重其德，這無疑是對裴寬高一層的評價，是一種發自內心深處的對其靈魂的讚賞，也是對裴寬的另一種形式的讚美和鼓勵。

　　好人品是一個人重要的基本素養。在現實生活中，高尚的品格表現非常廣泛，如善良、勤勞、樂於助人、公正廉潔、愛國、勇於犧牲等。人品反映的是一個人的內在修養，為人處世的基本原則、傾向和態度。

　　一個人可以沒有美麗的容貌，可以沒有超人的才能，可以不要權力和

金錢，但不可沒有好的人品。衡量一個人，往往不先看其相貌，也不先看其能力，而首先是看其人品。人品好的人會受到廣泛的稱讚，處處受到人們的尊重、歡迎；人品差的人則將為社會所譴責，甚至千夫所指，遺臭萬年。人品好的人被奉為「君子」，人品差的人則被斥為「小人」，並有「近君子有仁有義，遠小人無事無非」的古訓。因而，讚美別人時，多讚美其人品。讚美別人的人品，也同時表現了我們對良莠的分辨、判斷能力，顯示了自己的人品。俗話說：「物以類聚，人以群分。」唯有自己品行高尚，才會由衷地、真誠地讚美別人的人品，推崇正人君子。

孔子是中華民族的大思想家、大教育家，在中華文明史上，留下了不朽的一頁。孔子向來宣導「仁」、「愛」、「禮」，主張「仁者愛人」。他對出身貧寒的農家弟子從不歧視，很重視弟子品行的培養。他把顏回列為弟子中的德行之首，讚揚說：「顏回的品德是多麼好啊！住在陋室中，用竹管吃飯，用瓜瓢喝水。別人將不勝其憂，他卻快樂如常。」顏回出身貧寒，生活很簡樸，但他潛心修養、品行高尚，是孔子最喜愛的弟子，孔子的話體現了他對顏回人品的讚賞和肯定，又反映了他的「仁」、「禮」思想。

讚美他人的人品時，要注意以下幾點：

第一，必須對你所讚美的人有全面而深入的了解。

如果與一個人只是一面之交，或知之不深，僅憑你的直覺和經驗讚美其人品，而不知其大眾形象如何，往往會失之偏頗。一個人的品格，在熟知他人的範圍內，大眾的看法基本一致。你的讚美如果不恰當，不僅難以得到讚美的效果，反會引起非議。若此君恰巧形象不佳，更會招來「臭味相投」、「一丘之貉」的罪名。

第二，不要亂作比較。

　　每個人都很重視別人對自己人品的評價，如果在讚美別人人品時與別人作比較，是很不明智的。在場的人可能會和你翻臉，不在場的人可能會被人轉告，這樣的讚美定會使你損失慘重，甚至賠了夫人又折兵。

　　第三，當眾讚美一個人的人品要注意場合。

　　在單位裡，你若大張旗鼓地讚美一個人的人品，往往別人會猜疑你拉幫結派。你想表達對同事人格的敬仰，不妨私下悄悄交流。家庭內部，成年的兄弟姐妹之間、妯娌、連襟之間，差異甚至隔閡是不可避免的，如果當眾直接說誰孝順、誰昧良心、誰大方、誰吝嗇、誰自私，都不會有好的效果。人人都崇尚正大光明，但有些事情反而更合適私下做。

妙語點睛

> 人品是一個人德性修養的外在表現，如果你能抓住這個亮點來讚美，對方將會推心置腹，把你視為知己。

讚美別人的基本原則

　　讚美別人，彷彿用一支火把照亮別人的生活，也照亮自己的心田，有助於發揚讚美的美德和推動彼此友誼健康地發展，還可以消除人際間的隔閡和怨恨。讚美是一件好事，但卻不是一件易事。讚美別人時如不審時度勢，不掌握一定的讚美技巧，即使你是真誠的，也可能變好事為壞事。所以，開口前我們一定要掌握以下原則。

▌因人而異

　　人的品行有高低之分，年齡有長幼之別，因人而異，突出個性，有特

點的讚美比一般化的讚美能收到更好的效果。老年人總希望別人不忘記他「想當年」的業績與雄風，同其交談時，可多稱讚他引為自豪的過去；對年輕人不妨語氣稍為誇張地讚揚他的創造才能和開拓精神，並舉出幾點實例證明他的確能夠前程似錦；對於經商的人，可稱讚他頭腦靈活，生財有道；對於知識分子，可稱讚他知識淵博、寧靜淡泊……當然這一切要依據事實，切不可虛誇。

情真意切

雖然人都喜歡聽讚美的話，但並非任何讚美都能使對方高興。能引起對方好感的只有那些基於事實、發自內心的讚美。你若無根無據、虛情假意地讚美別人，他不僅會感到莫名其妙，更會覺得你油嘴滑舌、詭詐虛偽。例如，當你見到一位其貌不揚的小姐，卻偏要對她說：「妳真是標準的美人。」對方立刻就會認定你所說的是虛偽之極的違心之言。但如果你著眼於她的服飾、談吐、舉止，發現她這些方面的出眾之處並真誠地讚美，她一定會高興地接受。真誠的讚美不但會使被讚美者產生心理上的愉悅，還可以使你經常發現別人的優點，使自己對人生持有樂觀、積極的態度。

詳實具體

在日常生活中，人們有非常顯著成就的時候並不多見。因此，交往中應從具體的事件，善於發現別人哪怕是最微小的長處，並不失時機地予以讚美。讚美用語愈詳實具體，說明你對對方愈了解，對他的長處和成就愈看重。讓對方感到你的真摯、親切和可信，這樣你們之間的距離就會越來越近。如果你只是含糊其辭地讚美對方，說一些「你工作得非常出色」或者「你真是一位卓越的領導者」等空泛飄浮的話語，便會引起對方的猜度，甚至產生不必要的誤解和信任危機。

▋合乎時宜

讚美的效果在於見機行事、合乎時宜，真正做到「美酒飲教微醉後，好花看到半開時」。

交際中認真把握時機，恰到好處的讚美是十分重要的。一是當你發現對方有值得讚美的地方，就要及時大膽地讚美，千萬不要錯過機會；二是在別人成功之時，送上一句讚美，就猶如錦上添花，其價值可「抵萬金」，例如考了好成績，名列前茅，受到獎勵，這時人的心情格外舒暢，如果再能聽到一句真誠的讚美，其欣喜之情自然可想而知。

▋適可而止

讚美的尺度往往會直接影響讚美的效果。恰如其分、點到為止的讚美才是真正的讚美。使用過多的華麗辭藻，過度的恭維、空洞的吹捧，只會使對方感到不舒服、不自在，甚至難受、肉麻、厭惡，其結果也會適得其反。假如你的一位同學歌唱得不錯，你對他說：「你的歌唱得真是全世界最動聽的。」這樣讚美的結果只會使雙方都難堪，但若換個說法：「你的歌唱得真不錯，有點歌星的感覺。」你的同學一定很高興，說不定會情不自禁一展歌喉為你獻上一曲呢！所以讚美之言不能濫用，一旦過頭變成吹捧，讚美者不但不會收穫交際成功的微笑，反而要吞下被置於尷尬地位的苦果。古人說得好，過猶不及，就是這個道理。

▋雪中送炭

俗話說：「患難見真情。」最需要讚美的不是那些早已功成名就的人，而是那些因被埋沒而產生自卑感或身處逆境的人。他們平時很難聽到一聲讚美的話語，而一旦被人當眾真誠地讚美，便有可能振作精神而大展宏

圖。因此，最有實效的讚美不是「錦上添花」，而是「雪中送炭」。

此外，讚美並不一定總用一些固定的方式，見人便說「好……」。有時，投以讚許的目光、做一個誇獎的手勢、送一個友好的微笑也能收到意想不到的效果。

當我們目睹一個經常讚揚子女的母親是如何創造出一個美滿快樂的家庭、一個經常讚揚學生的老師是如何使一個班團結友愛、一個經常讚揚下屬的領導者是如何把他的機構管理成和諧向上的團體時，我們也許就會由衷地接受人際間充滿真誠和善意的讚美。總之，讚美必須掌握一定的原則，如果「出口亂讚」，其結果常常事與願違，適得其反。

▌妙語點睛

> 讚美作為一門學問，你必須掌握讚美對象的實質，讚美對方最渴望而被人忽視的地方或特點。這樣你的讚美才能引起對方的共鳴。

這樣讚美才夠力

一天，影星茱莉・安德魯斯（Julie Andrews）和一些政要名流去欣賞一位享有盛名的指揮家的音樂會，指揮家出色的表演贏得了陣陣掌聲。在音樂會結束之後，大家來到後臺，向指揮家祝賀演出成功。

大家見到指揮家時，讚美聲不絕，「您的指揮真是太棒了！」、「這是我聽過最棒的曲子！」「您抓住了名曲的神韻！」、「真是超水準的演出！」……大指揮家面對大家的讚美一一答謝，但是這種話他聽得太多了，臉上不由得顯現出敷衍的表情。由於疲憊，他正盤算著找一個藉口離

開，忽然，他聽到一個高雅溫柔的聲音對他說：「您真帥！」

大指揮家以為聽錯了，抬頭一看，正是茱莉·安德魯斯。指揮家說：「您是在和我說話嗎？」茱莉·安德魯斯點點頭說道：「您是我見過的最帥的指揮家！」大指揮家的眼睛頓時亮了起來，精神抖擻地向茱莉道謝。

自從那一次見面之後，指揮家就把茱莉當成自己的摯友，常邀請她觀看自己的演出。

很多人認為，讚美別人只要說出讚美的話就行，或者只要真誠就行，然而並不是所有的讚美都能產生它應有的作用。有的讚美無法引起被讚美者的注意，甚至會令他們厭惡。所以，讚美也要講究技巧，因為千人千面，沒有誰會喜歡千篇一律的讚揚話。既然要讚美，就要達到讚美的目的，使對方從你的讚美中感受到快樂、滿足，不落俗套，從而讓對方感受到你真誠的心。舉例來說，女性最喜歡的話語往往是：美麗、性格溫柔、身材苗條、服飾搭配有品味等。但是，每一個見到她們的人都這樣說，自然會令她感到聽覺疲勞，無法引起她們的好感，這樣的讚美就只是在浪費唇舌。所以讚美別人也要講究不落俗套，才能讓對方對你的讚美記憶深刻，從而縮短彼此溝通的距離。

對於著名指揮家的演出，每個人都給予了很高的評價。對於指揮家來說，每次演出結束，他都能聽上百句讚美的話，所表達的意思也是大同小異，因此這樣的讚美已經讓他麻木。語言沒有什麼特殊之處也就意味著在指揮家的眼裡沒有特別之處，一切交往也就流於表面的客套，就像指揮家對大家彬彬有禮的答謝。然而，茱莉的一句「您真帥」卻讓指揮家眼前一亮，別有新意的一句話一下子讓茱莉的形象印在指揮家的心中，並在之後的交往中把她當成摯友。可見，不落俗套的讚美能一下子說到別人的心坎裡，就像一張通行證能迅速打開溝通之門。

說一句讚美的話不是什麼難事，但是透過一句讚美的話就讓別人記住你卻並不容易，是要下一番工夫才行的。下面簡單介紹讚美的幾種技巧：

在其背後讚美

羅斯福的一個副官，名叫布德。他對頌揚和恭維，曾有過出色而有益的見解：「背後頌揚別人的優點，比當面恭維更為有效。」德國的鐵血宰相俾斯麥，為了拉攏一個敵視他的屬員，便有計劃地向別人讚揚這個部下，他知道那些人聽了以後，一定會把他說的話傳給那個部下。

在各種恭維的方法中，在人背後稱讚人，是一種至高的技巧，要算是最使人高興的、也最有效果的了。你很欣賞某個人時，你可以把讚美他的話跟一個他熟悉的人講，過不了多久，你的溢美之詞就會傳到你想要讚美之人的耳朵裡，他會心想：哦，他原來這麼看我，這麼欣賞我。從而他會對你產生好感，也會更加相信你的讚美是發自肺腑的。

從否定到肯定

很多人在讚美別人的時候只是平鋪直敘，效果有限。如果嘗試採取從否定到肯定的讚美方法，也許效果會好得多。例如，一般的評價是「我佩服別人，也一樣佩服你」；從否定到肯定的評價則是「我很少佩服別人，你是例外」。

借別人之口

借助別人之口，間接地讚美別人是非常有效的讚美手段，它會使人相信，你是真心實意地，也是非常發自內心地認可他、欣賞他。

在聚餐的時候，你碰到以前的同學，這位同學事業有成，春風得意，你要是說：「你現在這麼有錢，身邊肯定有不少女孩子吧。」這些話不但

顯得你沒有內涵，還可能引起誤會。你不妨這樣說：「聽說你剛開了一家公司，大家都說你能力強。祝賀你啊！」用別人的話帶出你的讚美和鼓勵，這樣不但能明確地傳達你的意思，還能使對方自然而然地接受你的讚美。

▌讚美其得意之處

投其所好的讚美方式一般很適合於一些心高氣傲的人，他們大多很看重自我形象，感覺良好。如果對其業績、學識、才能等給予實事求是的讚美，使其榮譽心、自尊心得到滿足，就可以從心理上縮短距離，從而起到左右他們態度的目的。

有位生性高傲的處長，一般陌生人很難接近他，他生硬冷漠的面孔常使人望而卻步。有位外地來的業務員聽說了他的脾氣，一見面就微笑著遞上一支菸說：「處長，我一進門就有人告訴我說，處長是個爽快人，辦事認真、富有同情心，特別是對外地人格外關照。我一聽，高興極了。我就愛和這樣的長官共事！」處長的臉上立刻露出一絲笑容，接下去談正事，果然大見成效。

▌要誇到點子上

讚美他人的動機都是良好的，但是，如果沒有拿捏好讚美的分寸，把一些不適合讚美的點也拿來稱讚，那就適得其反了。

▌刻意製造「意外」

在讚美語的運用上，如能攻其不備、出其不意，往往能使人喜出望外，收到意想不到的效果。

我們在日常交往中，如能注意觀察，並對那些被我們忽略了的優點、

美德加以及時的讚揚，往往比讚揚那些人所共知的優點效果更好。如一位著名科學家、著名演員或著名作家，或在某些方面有較突出成就的普通人，他們在各自的領域裡都頗有建樹，而對他們在各自領域裡所取得的成績的讚美聲也就會不絕於耳。那麼，我們不妨另闢蹊徑，讚揚他們和諧的家庭生活、他們漂亮的衣著打扮、他們親切的微笑，以及優秀的品格等，這樣肯定會使他們喜悅倍增。

妙語點睛

> 不少人讚美別人，都是說一些老掉牙的俗套話，絲毫無法讓對方喜悅。如果與眾不同，讚美對方所具有的而卻很少被常人發現的優點或長處，就等於在讚美的詞彙中增加了新的條目，對方便會因此感到無比的滿足。

讚美也得掌握分寸

原一平剛成為業務員時，有一次，他到一家公司推銷產品。走進辦公室後，他看到老闆很年輕，就不由讚美老闆：「您如此年輕就當上了老闆，真是了不起！」老闆聽完他的讚美，嘴角露出了一絲微笑，請他坐下，還為他倒了一杯茶。「謝謝！謝謝！」原一平看到讚美的話讓老闆很高興，就想找話再讚美一下。

「能請教一下，您是多少歲開始創業的呢？」原一平好奇地問道。

「16 歲。」

「16 歲！天啊，要知道很多孩子在這個年紀還只想著怎樣蹺課出去玩耍，而您已經開始闖蕩了。那您又是在什麼時候開始當老闆的呢？」

「兩年前。」

「哇，真是太不可思議了，沒想到您這麼有才華，才兩年就功成名就了，那您怎麼這麼早就出來工作呢？」

「因為父母早逝，家裡就只有我和妹妹，為了能讓妹妹上大學，我就出來工作了。」

「您真了不起呀！您妹妹能上大學也很了不起呀！」

就這樣一問一讚，使那位老闆顯得很不耐煩，最後，老闆藉口要開會，讓原一平離開了，並說產品的事以後再談。本來老闆的心情很好，也願意買進一些原一平的產品，但是原一平沒完沒了的讚美讓老闆變得不厭其煩，最終使他失去了這個機會。

人們喜歡恰如其分的讚美，不喜歡海闊天空的亂吹。你如果說一個醜人長得漂亮，他會以為你是在諷刺他。不適度的讚美就如同毒藥，不但會引起對方的反感，還會使剛開始建立起來的溝通走向結束。原一平剛進入辦公室時誇讚老闆的話就起到了很好的作用，老闆熱情親切地招待了他，請他坐下，願意花時間耐心地聽他說話，但是隨後他不斷地找話來讚美，這種誇張的感情流露讓那位老闆很厭煩，感覺他的讚美很輕浮，缺乏真情實意，從而對他這個人也輕視起來。

可見，讚美猶如煲湯，掌握好火候是關鍵要素。恰到好處的讚美可以讓對方感到舒服，感到自己讚美的誠意，也會為自己樹立一個良好的形象；相反，過度的、沒完沒了的讚美除了讓對方感到你的虛情假意之外，還會有拍馬屁之嫌，只會令人厭煩。

過度讚美不但不會讓被讚美者感到自豪，反而會讓對方感覺你虛情假意，覺得自己稍不留神就會等來「蜜糖加棒子」──先是把自己誇獎得輕飄飄，然後再將真實面目暴露出來。這樣做會讓被讚美者有一種「掉進

別人預先挖好的陷阱」的錯覺，而絲毫沒有被讚美的快意。所以掌握好讚美的尺度非常重要。

要想表達你適度而得體的讚美之詞，應注意以下幾點：

▋ 換個角度

讚美用得巧妙可以起到意想不到的效果。

有個笑話說，兩個書生剛被任命去做縣官，赴任之前，去拜訪主考老師。老師對學生說：「如今世上的人都不走正道，逢人便給戴高帽子，這種風氣不好！」一個書生說：「老師的話真是金玉良言。不過，現在像老師您這樣不喜歡戴高帽子的能有幾個呢？」老師聽了非常高興。這個書生出來以後，對另一個書生說：「高帽子已經送出一頂了。」

可見，一個人即便不喜歡別人亂戴高帽子，但換一個角度給他戴個高帽子，他還是會笑納的。

▋ 過猶不及

讚美雖好，但用得過多也會如吃多了肥肉一樣讓人膩煩。有些人時刻將讚美之詞掛在嘴邊，看到誰都要讚美一番，讚美時也要說上一大堆。殊不知，時間長了，別人就會覺得你的讚美像雞肋，食之無味。所以讚美的話無須多，精妙的讚美只一句就夠了。

當然，讚美要適宜，並不是不鼓勵讚美，而是該讚美時，要毫不吝嗇地讚美；不該讚美時，要適可而止。

▋ 恰到好處

要想使讚美真正起到作用，還得在讚美時注意做到恰到好處、大方得體。人都愛聽好話，但是每個人願意接受的讚美語言是不同的，如果不能

恰到好處，是難以起到改善關係，促進溝通的作用。

在讚美時，不要盲目地使用一些自認為是讚美的詞語，應了解聽者的背景、秉性、愛好等，從聽者可以認同的角度給予讚美，這樣才會讓讚美的聲音走進聽者的內心。

█ 符合實際

每個人的境況各不相同，讚美時要因人而異，要根據不同人的特點使用不同的讚揚語言，適當的讚美比浮誇的讚美更讓人歡欣鼓舞。如果我們見到一位長相一般的女士，你應該從她的內在修養出發，關注她的品味、女人味、特質、舉止等，這些方面的讚美她肯定會欣然接受，並對你產生很好的印象。在稱讚男士的時候應集中在他的工作能力和成就上，不要總是說一些「你很帥！」、「你很有才能！」之類的話。這樣會讓對方覺得讚美的話沒有分量。你可以側重於事業方面，比如「你將來一定前途無量」、「你的能力很強」等。如果是稍上年紀的男士，他們一般喜歡別人稱讚他的努力過程、社會地位以及個人成就等，可以說「不知道哪天我可以像您一樣這麼有成就」、「能不能向您請教一下，您是怎樣才取得今天的成就的」等。從實際情況出發，說出得體的讚美，滿足他的期望，是不錯的讚美方式。

總之，對他人的讚揚一定要適度，因為適度的讚揚會使人心情舒暢，否則就會使人感到難堪、反感，或覺得你在拍馬屁。合理地掌握讚揚的「分寸」是一個必須重視的問題。

妙語點睛

讚美別人嘴巴還需要「甜」到點子上，這樣才能贏得對方的好感和信任，從而事半功倍，事事遂心。

小心繞過讚美的「地雷」

一次，一位大學教授到某學院講課，隨行的還有一位助理，校長親自接待他們。走進校園裡，助理就對校長說：「校長，您真有能力，把學校治理得這麼好。」校長只是淡淡地一笑。這笑帶著明顯的肌肉運動，顯然不是發自內心的。教授接著說：「是呀！學校的環境真好，校園綠化弄得很好，靠榆樹牆自然地把校園分割成了教學區、學生活動區。學生也管理得很好，學生上早操，在走廊裡只聽到刷刷的跑步聲，卻聽不到說話的聲音，而且穿的是統一的校服，真整齊俐落！」校長聽後滿臉的喜悅，連連點頭並自豪地說：「過獎，過獎。」

每個人的性格、價值觀和世界觀不同，對於事物的接受程度也有差異。所以，每個人喜歡的讚美方式也不相同，有的喜歡含蓄、有的喜歡直露。如果不根據他們個人的特點來讚美，就會給人以輕浮之感，覺得你的讚美沒有價值，更不要說給人以鼓勵，增進彼此的好感了。讚美要有新意才會得到對方的認同。陳腔濫調每個人都會背，這樣的讚美會引起人的反感，要引起對方的注意，必須使用別具一格的讚美語言。

有人說，讚美是所有聲音中最甜蜜的一種，讚美應該給人一種美的感受，但很多人的讚美語言讓人乏味，淨是些不切合實際的陳腔濫調，甚至會冒犯他人。讚美常見的誤解主要有：

▎公式化的詞語空話

一些初涉社會交際圈的青少年很容易犯這種忌諱，自己沒有社交經驗，見面就是久仰大名、如雷貫耳、百聞不如一見、生意興隆等俗不可耐、味如嚼蠟的恭維。這種公式化的語句給人不冷不熱的印象，使人感覺對方缺乏誠意、完全是在應付了事。這樣的讚美毫無新意，不但有逢迎拍

馬之嫌，還會讓人覺得對自己是種諷刺。

公式化的詞語空話，有時還會衝撞別人的忌諱。一位年輕人到同學家去玩，見到同學的哥哥後上去就來了一套公式話：「大哥你好，見到你真高興！久聞你的大名，如雷貫耳，百聞不如一見！」沒想到對方的臉從頭紅到脖子，原來，他同學的哥哥剛因打架鬥毆被拘留了 15 天，才剛放出來，這個年輕人根本不明情況就「久聞大名」地恭維一番，卻揭了對方的傷疤，教訓深刻。

鸚鵡學舌，學別人說過的話

一些人在公共場合讚美別人時，自己想不出怎樣讚美，只能跟著別人學話，附和別人的讚美。常言道：別人嚼過的肉不香。古時候，朱溫手下就有一批鸚鵡學舌的拍馬之人。一次，朱溫與眾賓客在大柳樹下小憩，獨自說了句：「好大柳樹！」賓客為了討好他，紛紛起來互相讚嘆：「好大柳樹。」朱溫看了覺得好笑，又道：「好大柳樹，可作車頭」，實際上柳木是不能作車頭的，但還是有五六個人讚嘆：「可作車頭。」朱溫對這些鸚鵡學舌的人煩透了，屬聲說：「柳樹豈可作車頭！我見人說秦時指鹿為馬，有甚難事！」於是把說「可作車頭」的人抓起來殺了。

每個人可能都有這種經歷，就是別人讚美自己時，自己往往都會謙虛一下。如果是在人多的場合，大家異口同聲地讚美某個人的同一件事，就會使他陷入很不自在的境地，越是最後幾個讚美的，如果是同樣的話，越令他感到厭煩。

不懂裝懂

一位商人很喜歡收集某位畫家的畫，在畫展上商人看著這位畫家的展畫讚嘆不已，畫家在旁邊聽著心裡很是高興。但商人突然又讚揚道：「這

幅畫真漂亮，很有美國畫家莫內的神韻。」聽到這句話，畫家鄙視地看了一眼商人，莫內是法國印象派畫家，而他這幅畫更多的是採用了意識流的手法，和印象派畫風雖同實異。於是畫家和他的合作夥伴專門交代，如果這位商人要收藏這幅畫，就說已經有人預訂了。在畫家看來，不懂畫的商人是沒有資格收藏他的畫的。

讚美他人必須建立在相對了解的基礎上，特別是一些專業知識很強的資訊，如果我們不懂卻充當行家，只會讓自己出盡洋相。在現實生活中常會發生這樣的情況，為了顯示自己的才學，對於自己不了解的東西妄加讚揚，覺得這樣的讚美不僅彰顯了自己的知識水準，也誇獎了對方，為自己贏得好感。其實，這樣不但不會為自己贏得多高的評價，反而會顯得自己粗淺。在行才能抓住重點，才能把話說到點子上。所以，對於自己不知道的領域，不要急著讚美，先做一些功課，這樣既是對別人的尊重，也是對自己的尊重。

▍適當自我貶低

人常說：「休要長他人志氣，滅自己威風。」所以一般人對於自己，總是拚命抬高身價；對於別人，總是吹毛求疵。這種人在現今社會是很難立足的。只有適當長他人志氣，滅自己威風，才能使自己獲得更大好處。俗語說：「人捧人，越捧越高。」你也高，他也高，這不是人己兩利的事嗎？

在現實生活中，有許多人不肯「捧」人，第一是誤認為「捧」人就是獻媚，有損自己的人格；第二是自視清高，覺得一般人都比不上自己；第三是怕別人勝過了自己，弄得相形見絀。如果能夠摒棄這種心理，而用心研究如何「捧」人的方法，必然能領略到其中的好處。

其實，在某些時間、場合，人們的確無法坦然對他人說出禮貌性的讚

美之詞。在這種情況下，不妨換個方式來表達，效果是同等的，甚至會超出所期望的效果。

　　這個訣竅就是「貶低自己」。就像蹺蹺板，如果一邊貼地，蹺蹺板的另一邊必定是蕩在高空。這種「蹺蹺板原理」同樣也能應用在人際關係上，即適時地貶低自己，將能相對地抬高對方。即使是不善言辭或不善於稱讚的人，也能輕而易舉地使用這種方法達到高抬他人的目的。

　　進一步說，如果對他人採取輕視的態度，這對自己絕無半點好處。因為你刺傷他的自尊心，他自然會對你產生敵意。影響所及，你的人際關係必定一落千丈，連帶造成你事業發展的不順利。

妙語點睛

> 讚美是一種走進心靈的語言藝術，你不可讓讚美的語言信馬由韁，以至於踩上讚美的「地雷」。

為責備裹上「糖衣」

　　休士頓火箭隊的主場比賽馬上就要開始了。可是，有一名主力球員在賽前因塞車沒有在規定的時間內到場。當球員飛奔進訓練場的時候，他已經遲到了 30 分鐘。在美國人的眼裡，這是一個很嚴重的過失。火箭隊的主教練范甘迪（Jeff Van Gundy）把球員叫到自己的辦公室，他說：「我知道你為什麼晚到，但──切已經過去了，從現在開始，我要你百分之百地去思考比賽，好嗎？」

　　緊接著在最後的賽前會議上，范甘迪面對本隊球員說：「大家都知道，他今天遲到了，所以他欠大家一場很好的比賽。」然後他轉向這位遲

到的球員，說：「你明白嗎？你要打出一場很好的比賽還給大家。」在隊友們的注視下，這位球員的心中此時只有一個念頭：在賽場上拚了！

結局是這樣的，這場比賽，這位遲到的球員共獲得 22 分 20 個籃板，率領休士頓火箭隊主場以 86：80 戰勝了底特律活塞隊。正如主教練希望的那樣，他把一場精彩的球賽奉獻給了所有的人，換來了隊友們對他過失的諒解。這位球員就是籃球明星姚明。

常言道：「良藥苦口，忠言逆耳。」無論什麼人，對於旁人的忠言或勸告，接受起來往往有點困難。如何才能找一種高明的責問方法，使良藥不苦口，使忠言不逆耳，從而使被責備者愉快地接受呢？

答案就是給責備裹上「糖衣」──這樣能夠維護被責備者的自尊，並讓他意識到自己的過錯，從而坦然接受你的指教。

范甘迪的聰明就在此。他對姚明並沒有大肆指責，圖自己痛快，一味發火，而是巧妙地運用了委婉的語氣，從信任、鼓勵的角度出發，從而達到預期的效果。可以設想一下，如果范甘迪只是強調嚴明的紀律，而無情地給姚明當頭一棒，會得到什麼效果？

我們對別人進行忠告也好，指責也罷，都要明確一個目的：為了使對方的行動方向按我們的意願改變。如果不能起到這個作用，倒不如沉默為好。有些上司事先未經考慮，就隨便說些下屬該如何如何做的話，這是很盲目的。他不清楚自己向部屬提出的忠告或指責究竟會有什麼效果或反應。殊不知每個人都有自尊心，而這往往妨礙他們接受指教。所以，上司在責問的時候，必須使受責備的下屬理解他的出發點是為了團體好，也是為了下屬本人好，其中並無個人成見，這樣才有積極的作用。

「真沒見過你這樣的糊塗蟲！」、「你不想做可以到別的地方去！」這類責備語是不可取的。因為它只會刺傷對方的自尊心，激起對方的反感。

「你沒有必要沮喪。」這樣的話能使被責備者知道你對他是尊重的；「如果你認為我說得有道理，你就聽聽吧。」、「我希望你不要讓我失望。」這類話也可以使被責備者感到你的溫情。

忠告或指責必須選擇恰當的時機，最好是選擇沒有第三者在場的場合，否則他會認為你是故意讓他當眾出醜，從而加劇被責備者的抗拒心理。

現在我們來看美國總統柯立芝（Calvin Coolidge）是怎樣運用讚美來教育別人的。

柯立芝有一位女祕書，人長得十分漂亮，但工作常常粗心大意。一天早上，柯立芝看見祕書走進辦公室，便對她說：「今天妳穿的這身衣服真好看，正適合妳這樣年輕漂亮的小姐。」這幾句話出自柯立芝之口，簡直讓祕書受寵若驚。柯立芝接著說：「我相信妳的公文處理也能和你的人一樣漂亮的。」果然從那天起，女祕書在公文上就很少出錯了。

一位朋友知道了這件事，就問柯立芝：「這個方法很妙，你是怎麼想出來的？」柯立芝得意洋洋地說：「這很簡單，你見過理髮師給人刮鬍子嗎？他要先給人塗肥皂水，就是為了刮起來使人不痛。」

用讚美給責備裡面加點蜜，使對方「刮起來不痛」，這正是責備的最高境界。那麼，具體應如何運用呢？

首先，講講你自己的缺點和錯誤。假如從一開始就比較謙遜地承認自己也犯過此類錯誤，然後再指出被責備者的過失，這樣被責備者將會更容易地接受你的指教。這往往能給對方這樣的心理暗示：你和他一樣是犯過錯誤的人，會激起他與你的「同類意識」。在此基礎上你再去責問對方，他就不會有「面子有損」的顧慮，因而也就更容易接受你的指責了。

其次，別當面指責他人。當面指責他人，只會造成對方頑強的反抗，

而巧妙地暗示對方注意自己的錯誤，則會受到愛戴和喜歡。人都是有自尊心和榮譽感的，有的人之所以不願意接受批評，主要原因是批評的話語傷及了他的自尊和臉面。為此，我們在批評他人時，要盡量尋找一種委婉的批評方法 —— 這種最高效且最能令人接受的批評方法無疑便是讚美了。

最後，盡量溫和，注意用詞。讚美式責備，最忌諱的便是大發雷霆。有些人所犯的過失可能對我們造成了直接的傷害，作為受害者往往容易發怒。但是，憤怒並不能解決問題，而大發雷霆卻會嚴重地傷害對方的自尊心，引發更強的抗拒心理，不利於問題的解決。所以，在指責的語氣上要盡可能溫和含蓄。比如，要對方改正錯誤，用請求的語氣說「請你改一下這點好嗎？」就比說「你馬上給我改正過來！」更容易讓對方接受。

卡內基在他《人性的弱點》一書中，講述了他責備祕書的技巧：

「數年前，我的姪女約瑟芬離開了她在堪薩斯城的家，來到紐約擔任我的祕書。她當時 19 歲，3 年前國中畢業，她的辦事經驗比年齡稍多一點，現在已經成了一位完全合格的祕書……當我要讓約瑟芬注意到一個錯誤的時候，我常說：「妳做錯了一件事，但天知道這事並不比我所做的許多錯誤還壞。妳不是生來具有判斷能力的，那是由經驗而為；妳比我在妳的年紀時表現得要好多了。我自己曾經犯過許多愚魯不智的錯誤，我沒有要責備妳和任何人的意圖。但是，如果妳如此做，不是更聰明嗎？」……

實際生活中，很多人喜歡用「相互比較」來指責對方，尤其是家長指責自己的孩子時，常拿某個好孩子來作對比，殊不知「相互比較」更容易適得其反，容易讓孩子形成自卑心理。

有位母親，總是用左鄰右舍的孩子如何爭氣、有出息來貶責自己的兒子不爭氣。天長日久，使孩子處處覺得自己不如人，因而信心喪失，最後採取了極端的做法 —— 自殺。

這位母親不斷地用相互比較使兒子喪失信心，甚至活下去的勇氣；如果上司也用相互比較的方法責備下屬，那麼下屬就會產生自卑，喪失信心，很可能一點小事也做不好。

在非洲的巴貝姆巴族中，至今依然保持著一種古老的生活儀式。當族裡的某個人因為行為有失檢點而犯了錯的時候，族長便會讓犯錯的人站在村落的中央，公開亮相，以示懲戒。每當這時，整個部落的人都會放下手中的工作，從四面八方趕來，將這個犯錯的人團團圍住，用讚美來「教訓」他。圍上來的人們，會自動分出長幼，然後從最年長的人開始發言，依次告訴這個犯錯的人，他曾經為整個部落做過哪些好事。每個族人都必須將犯錯人的優點和善行，用真誠的語言敘述一遍。敘述時既不能誇大事實，也不允許出言不遜，更不能重複別人已經說過的讚美之言。整個讚美的儀式，要持續到所有族人都將正面的評語說完為止。

指責也是引導，是一種警醒性的引導。要想指出一個人的過錯而又不傷感情，甚至讓對方心存感激，最有效的方式莫過於讚美對方，用裹上「糖衣」的話語間接地暗示對方，這才是責備的藝術。

妙語點睛

> 沒有人喜歡被責備，所以要學會給責備裹上「糖衣」，採用和風細雨的方式，這樣才更有效果。

第 7 章
詼諧幽默，妙趣橫生人人愛

馬克・吐溫說過：「讓我們努力生活，多給別人一些歡樂。這樣，我們死的時候，連殯儀館的人都會感到惋惜。」馬克・吐溫的這番話既有幽默感，又富有哲理。

幽默是最好的人際溝通潤滑劑。說服中有了幽默，會讓艱難的想法轉換變得輕鬆；勸導中有了幽默，會讓固執己見的人笑納意見；談判中運用幽默，會讓劍拔弩張的對手握手言歡。幽默的溝通魔力的確令人難以拒絕。

人們都喜歡聽幽默的語言，就像喜歡聽動人的音樂、欣賞美妙的詩篇一樣；我們和談吐幽默的人在一起，往往就像置身於蔚藍的大海邊或壯美的大山中一樣讓自己陶醉。幽默風趣的人是我們生活中一道最亮麗的風景線。

幽默是最生動、最有趣、最實用的溝通藝術，是一個人智慧、學識、風趣的綜合體現；是一種人生的智慧，體現著樂觀積極的處世方式和豁達的人生態度。它可以讓我們直面現實，笑對人生。

幽默是人際溝通中的潤滑劑

在一次慶功會上，有一個將軍在與一個士兵乾杯的時候，那士兵由於緊張，舉杯時用力過猛，竟把一杯酒都潑到了將軍的頭上，士兵當時就嚇壞了，可老將軍卻用手擦了擦頭頂的酒笑著說：「年輕人，你以為用酒能治好我的禿頭啊，我可沒聽說過這個藥方呀！」大家聽後哈哈大笑。

卡內基有句名言：「關於溝通，除了詞彙之外，最重要的就是『幽默』。」

作家普里希文（Mikhail Prishvin）曾經說過：「生活中沒有哲學還可以應付過去，但是沒有幽默則只有愚蠢的人才能生存。」幽默是一個人的學

識、才華、智慧、靈感在語言表達中的閃現，是一種能抓住可笑或詼諧想像的能力。同時，幽默是使我們溝通輕鬆愉快的催化劑。如果生活中沒有幽默，那就沒有良好的溝通，如果沒有和諧的溝通，那這個社會很難想像會是什麼樣子。

生活中需要幽默就如同魚需要水、樹木需要陽光一樣。一個幽默的人，能讓人開懷大笑，從而使他在人際交往中魅力無窮，備受歡迎。一般來講，一個人的談吐儀態自然優雅、機智詼諧、風趣、懂得自嘲、引人發笑，我們都可稱之為幽默之人，而能善用比喻，將有趣的故事導入主題，更能令人印象深刻。

幽默在人際交往中的作用是不可低估的。美國一位心理學家說過：「幽默是一種最有趣、最有感染力、最具有普遍意義的傳遞藝術。」幽默的語言，能使社交氣氛輕鬆、融洽，利於交流。人們常有這樣的體會，疲勞的旅途中、焦急的等待中，一句幽默的話，一個風趣的故事，都能使人笑顏逐開、疲勞頓消。

在公車上，因擁擠而爭吵之事屢有發生，任憑「不要擠」的喊聲扯破嗓子，仍無濟於事。忽然，人群中一個年輕人喊道：「別擠了，再擠我就變成相片啦。」聽到這句話，車廂裡立刻爆發出一陣歡樂的笑聲，人們馬上便把煩惱拋到了九霄雲外。此時，正是幽默緩解了緊張的人際關係。

幽默能表達人與人之間的真誠、友愛，能溝通心靈，拉近人與人之間的距離，填平人與人之間的鴻溝，是希望和他人建立良好關係不可或缺的東西。當一個人要表達內心的不滿時，如果能使用幽默的語言，別人聽起來會順耳一些。當一個人需要把別人的態度從否定變到肯定時，幽默具有很強的說服力。當一個人和他人關係緊張時，即使在一觸即發的關鍵時刻，幽默可以使彼此從容地擺脫不愉快的窘境或消除矛盾。所以，幽默是

人際溝通的潤滑劑。

　　善於運用幽默的人，他的朋友往往也多，朋友多了路好走。因為幽默，初次和陌生人見面的時候會給對方留下較為深刻的印象，這對於身在職場中的我們來說是一件非常有利的事情，因為說不定哪一天我就會有求助於別人的時候。善於運用幽默的人比較平易近人，容易和他人相處，也比較有利於建立持久牢固的人際關係。

　　人際關係是幽默大顯身手的好地方，妙語連珠、談笑風生是接通感情熱線的關鍵。在產生誤會、摩擦、矛盾的情況下，缺少幽默感的人，往往會把事情弄得一團糟；具有幽默感的人，往往能機智敏捷地道出別人的不足，在微笑中表明自己的觀點，從而使誤會得以緩解和消除。可以說，幽默是調節人際關係的潤滑劑。

　　一天，英國著名的文學家蕭伯納在街上行走。突然，他被一個騎自行車的「冒失鬼」撞倒在地，幸好沒有受傷，只是虛驚一場。騎車的人急忙把他扶起來，連聲道歉，為自己的冒失感到自責。可是蕭伯納卻略顯惋惜地說：「先生，你的運氣真不好。如果你把我撞死了，你就可以名揚四海啦！」蕭伯納的這一句幽默妙語，表現了自己的大度，用自己的友愛和寬容，把自己和肇事者從這種尷尬、緊張的窘境中解放出來，使得這件事得到了妥善的處理。

　　社會環境的瞬息萬變，工作壓力的急劇提升，讓人們經常感到一種心理壓力和焦慮。此時，幽默是最好的「減壓閥」，它不僅能使你心情變得輕鬆愉快，還能使你在交際中左右逢源、馬到成功。

　　蘇聯的領導人戈巴契夫在記者招待會上，巧妙地應對來自世界各國記者的爭相發問。美國的一位記者問他：「戈巴契夫先生，我們都知道你是有激進思想的領導人，可是，當你要決定內閣名單時，是不是會先和上面

的重量級靠山商量？」

戈巴契夫一聽，故意板著臉來回答：「喂！請你注意，在這種場合，不關我內人什麼事。」

記者們哄堂大笑，不等美國記者再發言，戈巴契夫就馬上指著另一名舉手的記者說：「好，下一個。」

幽默是消除緊張局面的靈丹妙藥，是隨機應變的有力武器，但幽默絕不是低級趣味，幽默追求的境界是哲學的簡樸和思想的飄逸。

馬克‧吐溫更是一個深諳此道的幽默之人。有一次，他要去一個小城，臨行前別人告訴他，那裡的蚊子特別厲害。到了之後，正當他在旅店登記房間時，一隻蚊子在馬克‧吐溫眼前盤旋，這使得服務員尷尬萬分。馬克‧吐溫卻滿不在乎地說：「貴地蚊子比傳說中的不知聰明多少倍，牠竟會預先看好我的房間號碼，以便夜晚光顧，飽餐一頓。」一句話逗得服務員不禁哈哈大笑。結果，這一夜馬克‧吐溫睡得十分香甜。原來，當天晚上旅館的全體職員一齊出動，驅趕蚊子，免得這位受人歡迎的大作家遭受蚊蟲叮咬。幽默，不僅使馬克‧吐溫擁有一群誠摯的朋友，也因此得到陌生人的「特別關照」。

對於男性來說，幽默也是和女士拉近距離的一個絕妙手段。有句話是這麼說的：「如果你能讓一個女人連續笑三次，那麼她對你的防範之心就會降低很多。」

幽默的語言是人們自然感情的流露，它必須有深刻的思想意義，它的運用要服從於思想、情感的表達。僅以俏皮話、耍嘴皮、惡作劇來填充幽默的不足，換取廉價的笑是淺薄的。

幽默能讓你向別人展示自己的真誠和友善，使雙方的相處更和諧，減少人們之間的摩擦，提高溝通的品質。

妙語點睛

> 幽默是智慧的一種表現，它有助於化解人際衝突或尷尬的情境，
> 能在使人轉怒為喜的同時也給別人帶來快樂。

誰偷走了你的幽默感

在你身邊，什麼樣的人最受歡迎？很多人一定會回答：有幽默感的人。

因為有了幽默感，他們更善於與其他人溝通，即便表達反對意見也不會讓人反感；因為有了幽默感，他們總會成為聚會的主角，人人都願意和他們聊上幾句；因為有了幽默感，尷尬時刻他們總會自嘲，就算是在公共場合摔跤，也能一笑化解……

幽默不僅能帶來歡樂、消除敵意，也是維持身心健康的一劑良藥。但是，在中華文化從小到大的教育裡，總是強調莊重、嚴肅等，在無形中扼殺了許多人的幽默細胞。

35 歲的阿華是一家企業的部門經理，雖然工作很努力，但總有同事說他太嚴肅、刻板。「平時大家有說有笑時，只要我一插話，馬上就沒人笑了。後來我上網背了不少笑話。」阿華對記者說，「但我講得並不好，每次想逗樂反而弄得大家更尷尬了。」

我們對幽默有兩大誤解，一是認為幽默就是要會講笑話、耍嘴皮、逗大家開心，二是認為幽默登不上大雅之堂。很多人認為搞笑就是幽默，其實這是完全錯誤的。真正的幽默，應該是充滿大智慧的。

在美國，沒有幽默感的人很難有大作為，越是位高權重之人越離不開

幽默，否則會被認為不親民。而在中國歷史上，只有紀曉嵐等少數人敢在君子面前玩幽默。那麼，到底誰偷走了我們的幽默感呢？最主要的竊賊就是「等級觀念」。人能幽默，首先來自內心深處的一種「人人平等」的概念。但在中華文化，家長、老師、長官這三類人，卻多扮演著嚴厲者的角色，讓孩子、學生、下屬只能小心翼翼，不敢「造次」。

此外，低俗文化的盛行，也扼殺了人們的幽默感。不論電視還是網路上，流傳的多是一些無聊的笑料。要麼是高可笑性、低智慧性，表現為譁眾取寵，只會帶來嘲笑；要麼是低可笑性、低智慧性，表現為損人損己、庸俗低下，並不可笑甚至令人作嘔。

很多人經常認為幽默是天生的，而抱怨自己沒有幽默細胞。其實只要我們留心那些幽默十足的人，就會發現他們的心理資質一般都優於常人，而良好的心理資質也不是天生的，需要後天的鍛鍊和培養。

對於幽默的人來說，首先要具備的心理資質就是自信。一個常常為自己的職業、容貌、服飾、年齡等因素而惴惴不安、自慚形穢的人，又如何在適當的場合進行優雅的「表演」？

安徒生很儉樸，經常戴個老式的帽子在街上行走。有個過路人嘲笑他：「你腦袋上的那個東西是什麼？能算是帽子嗎？」安徒生乾淨俐落地回敬：「你帽子下的那個東西是什麼？能算是腦袋嗎？」沒有高度的自信，恐怕安徒生早就在他人的取笑中發窘，或者勃然大怒，哪能靈光一現，給出一個絕妙的反擊？

冷靜也是幽默高手的一項心理特質。冷靜，是使人們的智慧保持高效和再生的條件。因為只有在頭腦冷靜的情況下，人們才能迅速掌握並抑制引起消極心理的有關因素，同時掌握和激發引起積極心理的有關因素。英國首相威爾遜在一次群眾大會上演講時，反對者在下面鼓噪，其中一人高

聲大罵：「狗屎、垃圾！」面對聽眾可能產生的誤解和騷動，威爾遜首相沉穩地報以寬厚的微笑，非常嚴肅地舉起雙手表示贊同，說：「這位先生說得好，我們待會就要討論你特別感興趣的髒亂問題了。」搗亂分子頓時啞口無言，聽眾則報以熱烈的掌聲。

再者，樂觀是幽默高手具有的另一個重要特質。俄國著名寓言作家克雷洛夫（Ivan Krylov）早年生活窮困。他住的是租來的房子，房東要他在房契上寫明，一旦失火，燒了房子，他就要賠償 15,000 盧布。克雷洛夫看了租約，不動聲色地在「15,000」的後面加了一個零。房東高興的不得了：「什麼，150,000 盧布？」「是啊！反正一樣是賠不起。」克雷洛夫大笑。幽默感的內在構成，是悲觀和樂觀。悲觀，幽默者的現實感，就是對不協調現實的正視。樂觀，是幽默者對現實的超越感，是一種樂天感。沒有幽默感的人不會積極地看待這個世界，不會樂觀地看待自己的生活。當然樂觀不是盲目的，而是有所依附的，是一種透澈之後的豁達。樂觀地看待你的生活，幽默自然而生。

良好的心理資質是幽默的根基，幽默的主幹是廣博的知識。幽默的思維經常是聯想性與跳躍性很強，如果不具備廣博的知識來支持，你的思維跳來跳去也就那麼大的一塊地方。因此，提高自己的幽默程度，需要不斷地拓展知識門類和視野，提高對事物的認知能力。

有了根基與主幹後，幽默要開花結果，還需要一些具體的枝枝葉葉。究竟哪些話容易形成幽默，給人帶來笑聲呢？

首先，奇特的話使人開心而笑。幽默的最簡單的表現方法就是令人驚奇地發笑。康德所講的「從緊張的期待突然轉化為虛無」，正是基於幽默的結構常常能造成使人出乎意外的奇因異果。

幽默就是要能想人之未想，才能出奇制笑。有人說：「第一個把女人

比喻成花的是智者，第二個把女人比喻成花的是傻瓜。」這句話雖然有點偏激，但新奇、異常的確是幽默構成的一個重要因素。

其次，巧妙的話使人會心而笑。運用幽默的核心是使人讚嘆不已的巧思妙想，從而產生令人欣賞的歡笑。俗話說：「無巧不成書。」巧可以是客觀事實上的巧合，但更多的是主觀構思上的巧妙。巧是事物之間的某種連繫，沒有連繫就談不上巧。如果能在別人沒有想到的方面發現或建立某種連繫，並順乎一定的情理，就不能不令人賞心悅目。

再者，荒誕的話使人會心而笑。幽默的內容往往含有使人忍俊不禁的荒唐言行，從而使人情不自禁地發笑。「理不歪，笑不來。」荒謬的東西是人們認為明顯不應該存在的東西，然而它居然展現在我們面前，無法不觸動我們心靈，讓人發笑。

風平浪靜的水面，投進一塊石頭，就會一下子蕩起波紋。常規思維的心理，被超常的資訊攪擾，也會引起心潮起伏。奇異、巧妙、荒謬就是這種超常的資訊，就是幽默之所以致笑的要因，也是我們學會幽默應掌握的要訣。

說來說去，幽默其實與人的氣質培養類似，而幽默本身也是一種獨特的性情氣質。如果你知道一個人良好的氣質該如何培養，也應該聯想到一個人高超的幽默感是如何擁有的。

妙語點睛

> 幽默感是可以培養的，但是你必須得具備樂觀、包容的心胸。幽默就是要求你以樂觀、包容的態度對待他人；樂觀的心態讓你更懂得釋懷，而包容的胸懷讓對方更加放鬆。

巧用幽默表達不滿

在人際交往中，我們常常會碰到一些令我們不滿的事情。有了不滿，我們總想表達出來，但如何表達這種不滿卻是有一定的學問。那麼，能否找到一種既能達到自己的目的又不會讓對方難堪的方法呢？

有，這便是幽默。

在飯店，一位喜歡挑剔的女人點了一份煎雞蛋。她對女侍者說：「蛋白要全熟，但蛋黃要全生，必須還能流動。不要用太多的油去煎，鹽要少放，加點胡椒。還有，一定要是一個鄉下健壯的母雞生的新鮮蛋。」

「請問一下，」女侍者溫柔地說，「那母雞的名字叫阿珍，可合妳心意？」

在這則幽默對話中，女侍者就是使用了幽默提醒的技巧。面對愛挑剔的女顧客，女侍者沒有直接表達對對方所提苛刻要求的不滿，而是按照對方的思路，提出一個更為荒唐可笑的問題提醒對方：妳的要求太過分了，我們無法滿足，從而幽默地表達了對這位女顧客的不滿。

有時候別人的言行不當，我們如果當面表達自己的不滿，一定會引起對方的反感，如果等到以後，選擇或設置一個適當的情景，向對方做出與之相似的言行，然後再稍加點到，就可以委婉地使對方明白自己的意圖。

幽默是人們為改善自己情緒和面對生活困境時所產生的一種需求。當一個人要表達內心的不滿時，如果能使用幽默的語言，別人聽起來會順耳一些；當一個人和他人關係緊張時，即使在一觸即發的關鍵時刻，幽默可以使彼此從容地擺脫不愉快的窘境或消除矛盾。一般來說，表達不滿的幽默方式有以下幾種：

▌以柔克剛

一位姓曾的女士因公出差，在火車上與一位看上去很有涵養的男士坐在一起。這位男士主動和她搭訕，而曾女士覺得一個人乾坐著也挺乏味的，於是就和他攀談起來。

開始時這位男士還算規矩，和曾女士只是談談乘車的感受以及交流一下對當今社會上一些不合理現象的看法。談著談著，這位男士話題一轉，問道：「妳結婚了嗎？」

曾女士一聽，好感瞬間就沒了，但又不便發作，於是她態度平和地說：「我聽人說過這樣一句話，前半句是『對男人不能問收入』，所以我才沒有問你的收入；後半句是『對女人不能問婚否』，所以你這個問題我也是不能回答了！請原諒。」那位男士聽曾女士這麼一說，也覺得有點唐突，尷尬地笑了笑，不再說話了。寥寥數語，既表達了對對方失利的不滿，又沒有令對方下不了臺，可謂一舉兩得。

▌名褒暗貶

1952 年，正在蘇聯訪問的美國總統尼克森將去蘇聯一些城市訪問。蘇聯總書記布里茲涅夫（Leonid Brezhnev）到莫斯科機場送行。正在這時，飛機出現故障，有一個引擎怎麼也發動不起來，機場地勤人員馬上進行緊急檢修。尼克森一行只得推遲登機。

布里茲涅夫遠遠看著，眉頭越皺越緊。為了掩飾自己的窘境，他故作輕鬆地說：「總統先生，真對不起，耽誤了您的時間！」一面說著，一面指著飛機場上忙碌的人群問：「您看，我應該怎樣處分他們？」

「不，」尼克森說，「應該升遷！要不是他們在起飛前發現故障，飛機一旦升空，那該多麼可怕啊！」

引人就範

一次，著名的德國作曲家布拉姆斯參加一個晚會。不料，晚會上他遭到一群女人的包圍。他一邊禮貌地應付，一邊想解脫的辦法，忽然他心生一計，點燃了一支粗大的雪茄。很快，有幾個女人忍不住咳嗽起來，布拉姆斯照樣泰然地抽他的雪茄。

終於有人忍不住了，對布拉姆斯說：「先生，你不該在女人面前抽菸！」

「不，我想，有天使的地方不該沒有祥雲！」布拉姆斯微笑著回答。

布拉姆斯用幽默的語言，使自己從無奈的糾纏中解脫出來。

以退為進

齊國晏子出使楚國，因身材矮小，被楚王嘲諷：「難道齊國沒 19 世紀的維也納有人了嗎？」

晏子說：「齊國首都大街上的行人，一舉袖子能把太陽遮住，流的汗像下雨一樣，人們摩肩接踵，怎麼會沒有人呢？」

楚王繼續揶揄道：「既然人這麼多，怎麼派你這樣的人出使呢？」

晏子回答說：「我們齊王派最有本領的人到最賢明的國君那裡，最沒出息的人到最差的國君那裡。我是齊國最沒出息的人，因此被派到楚國來了。」

幾句話說得楚王面紅耳赤，自覺沒趣。晏子的答話就是採用以退為進之法，貌似貶自己最沒出息，所以才被派出使楚國，這是「退」；實則是譏諷楚王的無能，這是「進」。以退為進，綿裡藏針，使楚王侮辱晏子不成，反受奚落。

▍以喻止兵

生物學家巴斯德（Louis Pasteur）一次在實驗室工作時，突然一個男子闖了進來，指責他誘騙了自己的老婆。爭論中對方提出要決鬥。清白占理的巴斯德完全可以將對方趕出門去，但是那樣並不能解決問題，甚至會造成兩敗俱傷的惡果。這時候巴斯德沉著地說：「我是無辜的……如果你非要決鬥，我就有權選擇武器。」

對方同意了。

巴斯德指著面前的兩隻燒杯說：「你看這兩隻燒杯，一個有天花病毒，一個有淨水。你先選擇一瓶子喝掉，我再喝餘下的一瓶，這該可以了吧？」

那男子怔住了，他一下子陷於難解的死結面前，只得停止爭論與挑戰，尷尬地退出了實驗室。

▍聲東擊西

一次，英國戲劇家蕭伯納的脊椎骨生病，去醫院檢查。醫生對蕭伯納說：「有一個辦法，從你身上其他部位取下一塊骨頭來代替那塊壞了的脊椎骨，」並說，「這手術很困難，我們從來沒有做過。」醫生的意思是，這次手術所要收取的費用非同一般。

蕭伯納並沒有與醫生爭論，也沒有表示不滿、失望，只是幽默地淡淡一笑說：「好呀！不過請告訴我，你們打算付給我多少手術試驗費？」

一個很棘手的問題，被蕭伯納處理得極其巧妙，從而避免了不愉快的爭執。

▌化解困境

　　小李在一家合資公司當設計員，他起草的一份資料因時間很久了，以為上司不再需要，就沒有保存。豈知後來上司突然向他索要，他一時也記不起資料的去處，便托詞說「放在家裡了」，隨後抽時間再重新做了一份以應急。同辦公室的小張因嫉妒小李，正愁沒地方發洩，當他知道了這一祕密後，便忙向上司檢舉，惹得上司責罵小李：「丟失了資料還要想隱瞞？」好在小李比較冷靜，他坦率地向上司承認了自己的過失；下班後，明知小張使絆卻未向他興師問罪，反而風趣地說：「看來，我尋找資料的速度，到底趕不上總經理的兩隻耳朵快啊！」

　　小李藉說「總經理的耳朵」來暗中譏刺小張，實際上也暗示了自己知道是誰告的密，給了對方一個小小的警告。

▌引蛇出洞

　　一次，魯迅到一家門面堂皇、裝修華麗的理髮店理髮。理髮師見來客一副窮酸模樣，打心底瞧不起他，所以冷冰冰地招呼魯迅坐下，馬馬虎虎地理了幾分鐘就草草了事。魯迅對著鏡子照了照，不但沒生氣，還隨手從衣袋裡摸出一大把銅錢扔給理髮師就離開了。理髮師又驚又喜，他後悔自己有眼無珠，說不定這是位貴人呢！如果把他的頭髮理好些，不是能得到更多的錢？

　　一個月後，魯迅又來到這家理髮店，那個理髮師一眼就認出了他，急忙笑臉相迎。又是奉茶，又是敬菸，並且大顯身手，足足花了一個多小時，直到他感到這是自己多年來未曾有過的傑作時才罷手。魯迅對著鏡子照了照，從口袋裡摸出一個銅板，丟給理髮師。理髮師不解，魯迅平靜地說：「這次是付你上次給我亂理髮的錢。你這次理得認真，而錢已在上次

付過了。」

　　幽默是人際溝通的潤滑劑，巧用幽默表達一下對對方的不滿。笑一笑，這事就算過去了，既表明了自己的立場，也維護了彼此的關係，不至於傷了和氣，不失為一種有效的方法。

妙語點睛

> 幽默是化解敵意的良藥。當你用幽默糾正對方錯誤的時候，要有諒解他人的胸懷，並且不能有攻擊對方的心理，否則你的幽默感就無法發揮出來。

開心一笑，活躍氛圍

　　溝通是一門藝術，如果只遵循條條框框，見了面不管是誰，一律只問工作、愛好，不僅會讓人乏味，也會讓談話平平淡淡沒有亮點。如果你能夠適當加入幽默的元素，開個玩笑，讓彼此先開懷一笑，就會讓氣氛活躍起來，消除剛見面時的尷尬，接下去的交往也會順暢許多，和陌生人交談尤其要如此。

　　幽默是活躍氣氛的法寶，和陌生人見面若能夠有分寸地、善意地開個玩笑，就有可能博得別人的好感，擺脫習慣、生疏的界限，享受到自由交談的輕鬆愉快。而且，用幽默詼諧的語言其實也能表達比較嚴肅的內容。

　　真正的高手總能運用自己的聰明才智，及時而巧妙地化解不太愉快的場面，更使那些原本不妙的事變得別有情趣。

　　在日常生活中，各種複雜的情景如果都能用較強的應變能力，發揮即興口才調侃一下，閃爍敏銳的思維和智慧，則會增添不少樂趣。

第 7 章　詼諧幽默，妙趣橫生人人愛

用過於嚴肅的態度生活，難免太過沉重。人生不如意事十之八九，若總是唉聲嘆氣，生活必然一片灰暗。如果換一種心態，調侃一下生活，就會顯得詼諧幽默、大度自然，每天都會生活得很陽光，充滿希望和快樂。會調侃的人懂得如何給生活添加佐料，受到不公平待遇時也會泰然處之，即使心情鬱悶，也能經由開玩笑的方式給別人傳達某種資訊。實質上，這種人熱愛生活，大智若愚，充滿了人格魅力，現實生活中會得到眾多朋友的喜愛，因此成功的機會自然比一般人多。

幽默之所以能消除陌生人之間的尷尬，就是因為在初次相見的時候，彼此都不了解，大家都在揣摩對方的心思：他是不是一個高傲的人？他會不會不喜歡跟我這樣的人交往？他應該眼光很高！這些猜測無形地給彼此之間加上了一道屏障，使得人們不敢與你接近。如果你能幽默地說句話，就會讓人豁然開朗，給人以可親的感覺。放下架子，才能自由交流。

但是，和開玩笑一樣，調侃也要有一個尺度，那些可能讓對方尷尬或誤會的話不說為妙。調侃自己的時候可以肆無忌憚，但用在別人身上時就一定要注意分寸了。調侃與玩笑的分寸既是一個至關重要的問題，又是一個難以拿捏的問題。同樣的玩笑開在這可以，開在那就不行；這個人可以接受，那個人或許不能承受。那麼，分寸與尺度在哪裡，很顯然，在對方那裡。也就是說，無論我們的玩笑如何，如果對方不能接受那就是不合時宜，所以入境隨俗、因人而異是詼諧、調侃的一個重要原則。我們調侃的目的在於活躍氣氛，千萬不要適得其反。

在社交場合，所有人都相敬如賓，總讓人覺得氣氛太過死板，大家的情緒太平淡，還不如吵吵鬧鬧更親熱。因此，若彼此談得開心，開句玩笑，互相取笑一下，打幾拳、拍兩下，反倒顯得親密無間、無拘無束，氣氛熱烈。你可以故作滑稽，或擺出一副隨意粗心的樣子，向對方暴露自己

一點無傷大雅的小缺點。這樣別人會認為你真實可愛，富有親和力，你們的關係也會更進一步。

妙語點睛

> 有時溝通場面過於沉悶，開個玩笑不但能打破這種無聊的局面，
> 而且還能讓對方感覺到你談話很直率坦然。

開玩笑也要拿捏分寸

　　幽默可以調劑我們的生活，而作為其體現形式之一的開玩笑，不僅可以減少尷尬，還可以製造一種輕鬆的氣氛，讓我們在平淡的生活中過得有滋有味。但是我們知道，放調味料是有一個限度的，如果濫用，味道過重，就會讓人難以下嚥。所以我們在開玩笑時也要掌握好分寸，否則結果便會適得其反。

　　一天，正在外地出差的王先生接到朋友的電話，朋友氣喘吁吁地說：「你愛人出車禍了，已經被我送進了醫院，你趕快回來。」王先生立刻急急忙忙趕回來。回到家中，見愛人正在和人聊天，才知道自己被朋友騙了。王先生立刻打電話給朋友，生氣地說：「你玩笑開得太過分了！」誰料朋友不但不為自己的行為道歉，反而說：「愚人節開玩笑很正常。」王先生聽後十分生氣，「啪」的一聲掛掉電話，此後再也不理會這位朋友。

　　熟悉的朋友之間常常會相互取樂，說話也不拘小節，以體現彼此之間的親密關係。不過，凡事總要有個限度，掌握不好尺度，就會把事情搞砸。王先生的朋友只是想開個玩笑，但是拿王先生的妻子出車禍這件事開玩笑，卻實在不能讓人原諒。這樣不僅沒有給大家帶來快樂，還使朋友之

間的關係僵化。可見開玩笑之前，一定要清楚對方的承受能力，掌握好尺度。

阿強和小凱是好朋友，他們的老婆也是好朋友。有一天，阿強和小凱一起在外面吃飯，阿強神祕兮兮地對小凱說：「告訴你一個祕密，我和你太太有一腿。」小凱笑笑說：「你可別胡說，我不相信。我妻子很忠誠的。」阿強說：「你不信？那我告訴你，你老婆後背上有一塊紅色的胎記，對吧？」小凱聽後掉頭就走，回去之後就要和妻子離婚。妻子不明所以，就和小凱吵起來。小凱將事情的原委都說出來了。妻子覺得很委屈，自己明明是清白的，阿強怎麼可以這麼說呢？於是拉著丈夫怒氣衝衝就來到阿強家。

阿強看到怒氣衝衝的小凱夫妻二人，明白了是怎麼回事，連忙道歉解釋。原來是阿強的老婆和小凱的老婆結伴洗澡，阿強的老婆看到了小凱的老婆身上的胎記，回家後順口和阿強提起。阿強當時酒過三巡，一時興起就和小凱開了個玩笑，沒想到把事情鬧大了。

朋友之間開玩笑是件很平常的事，但阿強開的玩笑卻是一個敏感話題，而且對象還是朋友之妻。而即使是再親密的朋友，也難以承受如此戲謔，因此才產生了那麼大的誤會。我們開玩笑的初衷是為了快樂，如果分寸沒有拿捏好，就會給自己帶來不小的麻煩。

一天，小張和妻子一起逛街，遇到一位朋友，這位朋友平時素愛開玩笑。他見到小張後就故意問：「這位女士是誰啊？」小張說：「是我妻子呀。」朋友又問道：「那你上次帶的那個女的是誰啊？」小張的妻子一聽，生氣地說道：「沒想到啊，你還有外遇了，我要和你離婚。」說完甩袖而去。小張趕快追去解釋，可妻子說啥也不信，一直鬧著離婚。最後，小張的朋友親自過來向他的妻子解釋才平息了這場風波。

可見，亂開玩笑可能會給別人帶來很大的麻煩，有時過火的玩笑甚至

會造成無法挽回的後果。生活中，我們常會用開玩笑來調節氣氛，但是一定要注意掌握住分寸、對象、場合，否則玩笑也可傷人。

那麼，如何掌握好開玩笑的分寸呢？

▌內容要高雅

開玩笑是運用幽默的語言有技巧地進行思想和感情交流的藝術，這就要求語言必須純潔、文雅。笑料的內容取決於開玩笑者的思想情趣與文化修養。內容健康、格調高雅的玩笑，不僅給對方以啟迪和精神的享受，也是對自己美好形象的有力塑造。如果開玩笑污言穢語，不僅使語言環境充滿污濁的氣味，對聽者也是一種侮辱，至少也是一種不尊重。同時也顯示自己水準不高，情趣低俗。

▌態度要友善

與人為善，是開玩笑的一個原則。開玩笑的過程，是感情相互交流傳遞的過程，是善意的表現。如果藉著開玩笑對別人冷嘲熱諷，發洩內心的厭惡、不滿的情緒，甚至拿取笑他人尋開心，那麼除非傻瓜才看不穿。也許有些人不如你伶牙俐齒，表面上你處於上風，但其他的人會認為你不尊重他人，從而不願與你交往。這樣，你失去的是更多的朋友。

▌要因人而異

同樣一個玩笑，能對甲開，不一定能對乙開。人的身分、性格、心情不同，對開玩笑的承受能力也不同。

一般來說，後輩不宜和前輩開玩笑，下級不宜和上級開玩笑；女性不宜和男性開玩笑。在同輩人之間開玩笑，則要掌握對方的性格特點與情緒資訊。

對方性格外向，能包容忍耐，玩笑稍微過大也能得到諒解。對方性格內向，喜歡琢磨言外之意，開玩笑就應慎重。對方儘管平時生性開朗，但恰好碰上不愉快或傷心事，就不能隨便與之開玩笑。相反，對方性格內向，但正好喜事臨門，此時與他開個玩笑，效果會出乎意料的好。

▍要分清場合

在開玩笑時一定要看清場合，看這種場合是否可以開這種玩笑。一般來說，嚴肅靜謐的場合，言談要莊重，不能開玩笑。而在喜慶的場合，則要注意所開的玩笑能否使喜慶的環境增添喜悅的氣氛，如果因開玩笑使人掃興就不好了。總而言之，在莊重嚴肅的場合不宜開玩笑，否則極易引起誤會。

工作時間，一般不宜開玩笑。以免因注意力分散影響工作，甚至導致事故的發生。

▍要避開忌諱

開玩笑通常需要注意的禁忌主要有以下幾點：

和長輩、晚輩開玩笑忌輕佻放肆，特別忌談男女之事。幾輩同堂時開玩笑要高雅、機智、幽默、樂在其中。在這種場合，忌談男女風流韻事。

和非血緣關係的異性單獨相處時忌開玩笑。哪怕是正經的玩笑，也往往會引起對方的反感，或者會引起旁人的猜測非議。

和身障人士開玩笑，注意避諱。人人都不喜歡別人拿自己的缺陷開玩笑，身障人士尤其如此。

總之，玩笑可以讓我們的生活更加多彩，但一定要掌握分寸，適可而止才能活躍氣氛，增進彼此之間的友誼。

妙語點睛

開玩笑太過分，講刻薄損人的話，這樣的玩笑傷人傷己。

幽默的幾個技巧

誰不喜歡富有幽默感的人呢？每個人的內心都嚮往陽光。一個富有幽默感的人，能使他人在與之相處時享受到輕鬆愉快的氣氛，從而增添與之相處的樂趣。幽默是一種說話的藝術，懂得幽默的人，往往三言兩語就能使人忍俊不禁。在中國傳統文藝，相聲、小品之所以成為最受歡迎的表演之一，就在於它的表現形式離不開幽默。下面就讓我們來學習一下幽默的幾個技巧：

▌一語雙關

所謂雙關，也就是你說出的話包含了兩層含義：一是這句話表面的意思；另一個是引申的含義，而幽默就正從這裡產生出來。也可說是言在此，意在彼，讓聽者不只從字面上去理解，而能領會言外之意。

▌正話反說

說出來的話，所表達的內涵與字面意思完全相反，就叫正話反說。如字面上是肯定，而意義上卻否定；或字面上否定，而意義上卻肯定。這也是產生幽默效應的有效方法之一。

這個方法被廣泛運用於相聲、小品之中。以肯定語氣說出明顯荒謬的話，因而才是可笑的。

有意曲解

　　所謂曲解，就是歪曲本意，甚至荒誕地進行解釋，以一種輕鬆、調侃的態度，對一個問題進行解釋，將兩個表面上毫無關聯的東西連繫起來，造成一種不和諧、不合情理且出人意料的效果，幽默便產生了。

　　一位妻子抱怨她的丈夫說：「你看鄰居那位先生，每次出門都要吻他的妻子，你就不能嗎？」她丈夫說：「那是當然可以，不過我目前跟那位太太還不算太熟。」這位妻子的本意是要求她丈夫在每次出門前吻自己，而丈夫卻有意地曲解為讓他吻那位太太，這便產生了幽默。

巧妙解釋

　　即對原意加以巧妙的解釋而造成幽默效果。

　　英國著名女作家阿嘉莎・克莉絲蒂（Agatha Christie）和比她小十三歲的考古學家馬克斯・馬洛溫（Max Mallowan）結婚後，有人問她為什麼要嫁給一個考古學家，她這樣幽默地說：「對於任何女人來說，考古學家都是最好的丈夫，因為妻子越老他就越愛她。」這一巧妙的解釋，既體現了克莉絲蒂的幽默，又說明了他們夫妻關係的和諧。

刻意模仿

　　即模仿現存句式及語氣而創造新的效果，是幽默方式中很常見的一種，往往需要借助於某種違背正常邏輯的聯想，把原來的語素用於新的語言環境中，從而產生幽默。

　　一位女教師在課堂上提問：「要麼給我自由，要麼讓我去死。這句話是誰說的？」過了一會，一個日本學生用不熟練的英語答道：「1775 年，派翠克・亨利說的。」「對。同學們，剛才回答問題的是日本學生，你們

生長在美國卻回答不出來,而來自遙遠的日本學生卻能回答,你們多麼可憐啊!」

「把日本人幹掉!」教室裡傳來一聲怪叫。女教師氣得滿臉通紅,問:「誰准說的?」沉默了一會,有人答道:「1945 年,杜魯門總統說的。」這位同學模仿老師的提問做了回答,幽默色彩立刻充滿課堂。

▌自嘲

海冪‧福斯第曾經說過:「笑的金科玉律是,不論你想笑別人什麼,先笑自己。」自嘲,也是自知、自娛和自信的表現,自嘲本身也是一種幽默。

英國作家傑斯塔東是個大胖子,由於體型過大,行動往往不太方便。但他不以胖為恥,還願生生世世做個胖子。有一次,他對朋友說:「我是個比別人親切三倍的男人。每當我在公車上讓座時,便足以讓三位女士坐下。」這輕鬆愉快的自嘲,創造了輕鬆愉快的幽默,同時又表現了傑斯塔東高度的自信。

▌誇張

將事實進行無限的誇張,就會造成一種極不協調的喜劇效果,會給人一種幽默感。

馬克‧吐溫有一次搭火車到一所大學講課。因為講課的時間已經快到了,他十分著急,可是火車卻開得很慢,於是幽默家想出了一個發洩怨氣的好辦法。

當列車員過來查票時,馬克‧吐溫遞給他一張兒童票。這位列車員也挺幽默,故意仔細打量,說:「真有意思,看不出您還是個孩子呢。」

幽默大師回答:「我現在已經不是孩子了,但我買火車票時還是孩

子，火車開得實在太慢了。」

火車開得很慢確是事實，但絕不至於慢到讓一個人從小孩長成大人。這裡更是將火車開得慢和乘客等得焦急的程度進行了無限的誇張，產生了特殊的幽默效果，令人為之捧腹。

當然，幽默的方法很多，這裡就不再羅列。幽默來自於生活，只要你細心觀察，善於發現，幽默無處不在。

妙語點睛

> 幽默並非某些人的獨家專利，只要你細心留意，你也能成為人見人愛的幽默專家。

調侃自我，化解尷尬

1862 年的一天，美國著名黑人律師約翰·馬克將上臺演講。會前他被告知，聽眾大多數是白人，而且其中有不少人對黑人懷有成見。於是他臨時改變了自己演講的開場白，從爭取聽眾入手。

「女士們，先生們，我到這裡來演講，不如說是給這一場合增添點色彩。」

聽眾大笑，氣氛活躍起來了，對立的情緒無形中被笑聲驅散。儘管接下來的演說言辭很激烈，但會場秩序始終很好，取得了巨大的成功。這就是演講史上著名的篇章《要解放黑人奴隸》。

在人際溝通中，我們經常會遇到一些意想不到的事情，或是自己失言失態，或是對方對自己的言行有看法，或是周圍的環境出現了我們沒有考慮到的因素等。總之，這些猝不及防的情境往往會令我們狼狽不堪。這個

時候，最有效的解決方法，就是用幽默來化解尷尬。

但是，幽默的一條重要原則就是寧可取笑自己，不輕易取笑別人。這種自嘲式的幽默往往更能化解糾紛，使得緊張的氛圍趨於輕鬆。而把自己的缺點暴露出來，調侃一番，不僅不會將自己的缺點放大，還會拉近彼此的距離，給自己的魅力加分。

當在工作中身陷困境，發生了對自己不利的事情時，我們要根據現場情況巧妙、及時地使用調侃的手法來調侃自己，這樣可以讓你減輕壓力，轉移別人的視線，為自己擺脫困境，爭取有利的局勢。

有位姚教授，他身體瘦弱卻總是穿著寬大的長袍。到了冬天，天氣很冷，姚教授頭戴大帽子，從遠處看去只露出一副眼鏡，一個尖尖的鼻子，一撮翹翹的山羊鬍鬚，十分滑稽。

一天上課，姚教授和平時一樣的裝束，走進教室。只見黑板上不知哪個調皮的學生用漫畫筆法赫然畫了一隻人面貓頭鷹。而那人面畫得活像這位滿腹經綸的老教授。姚教授站在黑板前面看了一會，臉上毫無慍色。拿起了一支粉筆，一本正經地在漫畫旁寫道：「此乃姚教授之容也。」寫完之後，大家笑了。姚教授也笑了。那位提心吊膽的漫畫作者鬆了一口氣，同時也對教授產生了一種高山仰止的尊重和敬意。

當姚教授看到黑板上的漫畫時，他知道那是學生們的惡作劇，是學生們在笑話他那副尊容，這時他如果沖學生們發火，那麼結果只會變得更遭，自己丟的臉更大，所以他不沖學生們發火，而是自己主動指出黑板上畫的就是我，在這種情況下，學生們只顧了笑，而忘記了他丟了臉面，並且此舉還會讓學生們由衷讚嘆他博大的胸懷。

在我們遇到尷尬的溝通逆境時，如果能適當地使用自嘲的方式製造幽默，不僅能有效地擺脫自己的尷尬處境，也能給對方一種輕鬆感，從而使

溝通氣氛變得和諧，更有利於溝通的順利進行。在日常生活中，誰都有缺點失誤，難免會遭遇尷尬的處境，人們往往都喜歡遮遮掩掩。其實這樣反倒使後果更糟。還不如來點自我解嘲，使得即將發生的糾紛趨於平靜。

洛伊（Myrna Loy）是 1920 ～ 1980 年代美國著名的影星，在這期間，她一直活躍在銀幕上。她的形象在大家心目中一直是完美的。但她在晚年的時候卻日漸發胖。朋友多次邀請她一起去海濱浴場游泳，她都以各種理由推辭了。

一次，一位記者向洛伊提出這樣的問題：「洛伊女士，您是不是因為自己太胖，怕出醜才不去海濱游泳的？」

沒想到洛伊卻爽快的答道：「是的。我怕我們的空軍駕駛員在天上看見我，以為他們又發現了一個新古巴。」

所有在場的人聽到後都發出了陣陣笑聲。大家不自覺地鼓起掌來。

洛伊用自嘲的口吻、誇張的比喻化解了自己的尷尬，既沒有被記者牽著鼻子走，又很好地活躍了招待會的氣氛，同時還給大家留下了一個良好的印象，顯示出自己豁達的心胸和人格魅力。

在生死攸關的時刻，自嘲甚至可以巧妙地幫人脫離危險境地。

中秋時節，乾隆皇帝召集群臣在御花園賞月品酒，一時興起就想與紀曉嵐對句集聯，以增雅興。乾隆皇帝自恃學富五車、才高八斗，於是出上聯道：「玉帝行兵，風刀雨箭雲旗雷鼓天為陣」，說完之後，他以必勝的姿態注視著紀曉嵐，看他如何接自己的招。紀曉嵐沉思須臾，語出驚人：「龍王設宴，日燈月燭山肴海酒地作盤」。

當然，紀曉嵐的下聯對得不但工整，氣魄也甚為宏大，較之上聯猶有過之。

乾隆聽完紀曉嵐的下聯，臉上的得意之色漸漸消失。真是「伴君如伴虎」啊，紀曉嵐明白，如若自己勝了，那皇帝的臉面往哪放呀，還是趕快為自己打個圓場吧。

紀曉嵐不愧為才子，他靈機一動，說道：「皇上您貴為天子，故風雨雷電任憑驅策、傲視天下：微臣乃酒囊飯袋，故視日月山海都在筵席之中，不過肚大貪吃而已。」乾隆聽完，又露出得意之色，笑著對紀曉嵐說：「愛卿飯量雖好，如非學富五車之人，實不能有此大肚。」

當你在與人交談而陷入尷尬的境地時，自嘲可以使你從尷尬的境地脫身出來。自嘲不僅是豁達的表現，還是自信的表現。因為，只有有足夠自信的人才敢拿自身的失誤做文章，繼而把它放大、誇張，最後又巧妙地引申發揮、自圓其說，博得眾人一笑。

妙語點睛

面對自己的缺點，能夠換一種角度，努力尋找它好的一面，以幽默的方式來自圓其說，這不是一種豁達嗎？

第 7 章 詼諧幽默，妙趣橫生人人愛

第8章
三思後行，口無遮攔必惹禍

《論語》云：「三思而後行。」其實，就講話來說，也需要「三思而後言」。行也好，言也罷，之所以要三思，並不是膽小怕事、瞻前顧後，而恰恰是成熟、負責的表現。

古人云：「袖手於前，始能疾書於後。」

「袖手於前」，反覆考慮，耽誤了一些時間，實際上正是因此而把複雜的問題想簡單了，才能「疾書於後」，講得快而好，收到「時」半功倍的效果。想清楚了再開口，避免了「張口千言，離題萬里」，遠離了「滔滔之言，皆是惡語」；讓你的講話簡短精鍊，內容有的放矢，語言結結實實；人人愛聽，處處祥和。這是說話的藝術，溝通的法門。

開口前要三思

歌德曾說：「決定一個人的一生，以及整個命運的，只是一瞬間。」的確，有時一瞬間的衝動就會毀了自己的一生。孔子說過：「三思而後行。」做一件事，如果不是經過用心反覆考慮才決定的，那往往是一種任意魯莽的行為。與人交談，如果沒有認真思考，讓不合適的話溜出嘴，就會給自己帶來不必要的麻煩，所以，我們一定要用心管好自己的嘴巴，切忌口無遮攔，必須要慎重地考慮之後再張口。

有學問的人不會亂說話，只有胸無點墨的人才喜歡大吹大擂。「寧可把嘴巴封閉起來，使人懷疑你的無知，也不要一開口就讓人證實你的無知。」這是一句值得大家牢記的名言。

如果非說不可，那麼你就要小心謹慎，三思而後言，還應注意說話的態度、時機、內容、措詞、聲調和姿勢，學會在什麼場合應該說什麼話、應該怎麼說。「不鳴則已，一鳴驚人」。我們雖然未必能達到這個境界，但朝著這個目標去努力是不會錯的。

▌說話前應考慮周全

聰明人說任何話都要為自己留點餘地，如果草率做出承諾而沒有實現就會招來嘲笑。一件事情若三分在明，留七分在暗，不管事情發展如何，你都會有足夠的空間去駕馭。說話有三種限制，一是人，二是時，三是地。非其人不必說；非其時，雖得其人，也不必說；得其人，得其時，而非其地，仍是不必說；非其人，你說三分真話，已是太多；得其人，而非其時，你說三分話，正給他一個暗示，看看他作何反應；得其人，得其時而非其地，你說三分話，正可以引起他的關注，如有必要，不妨擇地長談，這才是通達事故的人。

與人交談，要掌握好分寸，不能口無遮攔，人常說：「話到嘴邊留半句。」那麼我們應該注意哪些方面呢？

* **留住自以為是的見解**：釋普濟說：「逢人只說三分話，不可全拋一片心。」人們常說「禍從口出」就是指說話太多也會招致麻煩，所以口無遮攔的人最易招人厭煩。人們都是根據有限的資訊進行思考並形成想法的，加上感情傾向與情緒的作用，難免會產生偏見。正如索羅斯（George Soros）所說：「我們對世界的所有認知都有缺陷，因為我們無法透過沒有折射作用的稜鏡看待這個世界。」所以，一旦對某些問題產生了想法，不要急於表達，耐心地聽完別人的談論，再對自己的意見進行分析，確認無誤，再說出口。這樣即使自己的話語客觀權威，也不至於因為判斷失誤遭到別人的嘲笑。

* **避免對別人不恰當的批評和指責**：如果你誤會了對方，批評和指責無疑是火上澆油。如果對方確實有過錯，也不能橫加指責，要注意方式方法，點到為止，過分的批評指責可能使結果適得其反。

* **不隨便發洩心中的不滿**：生活中，遇到不如意的事難免生出抱怨，但

抱怨是解決不了問題的。有些人直言不諱，逢人便抱怨，豈不知這樣很容易招來別人的反感，給自己惹來麻煩。如果事先把話在大腦中「過濾」一番，就可以避免此類事情的發生了。

█ 有些話應該這樣說

快言快語一般被看作是一個人果敢幹練的表現，但是有時也不見得是好事。如果說話做事莽撞、欠缺思考，就是不成熟的表現。我們與人交談之前應該經過深思熟慮，考慮周全了再說，避免給同事、朋友帶來不愉快的情緒。有些話，我們巧妙來回答，遠勝過不假思索地脫口而出。

遇到別人的奚落或尷尬的情景，以幽默的回答來化解

有一次，蕭伯納遇到一位牧師，這位牧師胖得像酒桶一樣，他跟蕭伯納開玩笑說：「外國人看你這樣乾瘦，一定會認為英國人都在餓肚子。」蕭伯納謙和地說：「外國人看到你，一定可以找到飢餓的根源。」

有時候，人際交往免不了要應對尷尬的境地，這時候如果口無遮攔，隨口說「你的話真是很無聊」之類的話，必定會刺傷對方，而一句幽默的話語就能打破原有的壓抑、緩解緊張的氣氛，既挽回了自己的面子，又顧及了對方的面子，從而避免了衝突。

轉移話題，拒絕回答

打個比方，如果一位胖女子穿了一件新的緊身連衣裙，自以為得體，高興地問你：「漂不漂亮？」

她當然是想得到你的讚美。但這件衣服的確不怎麼適合她。你不能違心地讚美，又不能直說，怎麼辦呢？你可以巧妙地轉移話題：「今年夏天，女生們好像都很熱衷於這種連衣裙啊！我最近看到一本雜誌，上面有

很多漂亮的款式,介紹給妳啊⋯⋯」

直接回答別人的問題會顯得很不禮貌,這時不妨「顧左右而言他」,暗中轉移話題。當然新的話題必須和原來的話題有一定的關聯,還必須能引起其他人的興趣。否則,也會引起對方的疑惑或反感。

綿裡藏針,批評也要溫和

唐太宗愛四處征戰,為了擴大兵源,他想把不在徵調之列的中年男子都招為士兵。宰相魏徵得知此事後,忙向唐太宗進諫:「把水抽乾了,不僅得不到魚,以後恐怕也不會有魚了;把森林燒光了,不僅獵不到野獸,以後也無獸可獵了。如果中年男子都被招到軍中,那生產怎麼辦?賦稅從哪裡徵收?」唐太宗無言以對,只好作罷。

直言的批評肯定會使人不滿,而且對待身分地位比較特殊的人時,更不能直接指責。怎麼辦呢?不妨試試「綿裡藏針」的招數。這種方法和餵小孩吃藥的道理一樣,要用糖水送服。

三思而後言,說前想清楚,不僅能夠避免不必要的麻煩,還能取得意想不到的效果,為自己贏得良好的人際關係,何樂不為呢?

妙語點睛

開口前要想清楚,「不鳴則已,一鳴驚人」。我們雖然未必能達到這個境界,但也應該朝著這個目標前進。

把握說話的最佳時機

戰國時期，楚王的寵臣安陵君能說善辯，很受楚王的器重。他並不是遇事便立即脫口而出，而是十分講究說話的時機。

安陵君有一位朋友，叫江乙。一天，他突然問道：「安陵君，您沒有一寸土地，也沒有至親骨肉，卻身居高位、享受優厚的俸祿，國人見到您，也無不整衣跪拜，等著接受您的號令，為您效勞，這是為什麼呢？」

安陵君答道：「這是大王太過抬舉我了，不然我哪能這樣！」

江乙聞言，不無憂慮地說：「用錢財相交的人，一旦錢財用盡，交情也就斷了，如同靠美色相交的人，美色衰老則會情移。因此美麗女子還沒等到臥席被磨破，就已遭人遺棄；得寵的臣子也等不到車子被坐壞，便被驅逐。如今您掌握楚國大權，卻沒有辦法和大王深交，我暗自替您擔心，覺得您的處境實在是太危險了。」

安陵君一聽，恍然大悟，立刻恭敬地請教江乙：「既然如此，還望先生指點迷津。」

江乙說：「希望您一定要找個機會對大王說『願隨大王一起死，以身為大王殉葬』。如果您這樣說了，必能長久保住權位。」

安陵君聽後，立刻說：「謹依先生之言。」

但是，過了很長一段時間，安陵君依然沒有對楚王說這番話。

江乙急忙去見安陵君，說道：「我對您說的那些話，您為何至今不對楚王說呢？既然您不用我的計謀，我就再也不管了。」

安陵君急忙回答：「我怎敢忘卻先生的教誨，只是一時沒有合適的機會。」

又過了一段時間，機會終於來了。一天，楚王到雲夢澤打獵，一箭便

射死了一頭狂奔的野牛，百官和護衛無不歡聲雷動，齊聲稱讚。楚王也高興地仰天大笑，說道：「痛快啊！今天遊獵，寡人何等快活！待寡人萬歲千秋之後，你們誰能和我共用今天的快樂呢？」

此刻，安陵君緊緊抓住這個機會，走上前去，淚流滿面地說：「臣進宮後就與大王同共一席，擋螻蟻，那便是臣最大的榮幸了。」

楚王聞言，大受感動，隨即正式設壇封他為安陵君，日後對他也更加寵信。

這個歷史故事說明了把握說話時機的重要性。在此過程中，人們需要充分的耐心，也需要進行準備，以等待時機成熟，但這並非意味著坐視不動。

卡內基說：「要想把話說得恰到好處，最重要的一點就是把握住說話時機。說話的時機，常常就在瞬息之間，稍縱即逝，時不我待，失不再來。因此，對說話時機的把握，比掌握、運用其他說話技巧更難更重要。」

孔子在《論語·季氏篇》中說：「言未及之而言，謂之躁；言及之而不言，謂之隱；未見顏色而言，謂之瞽。」這段話的意思是：「不該說話的時候說，叫做急躁；應該說話的時候不說，叫做隱瞞；不看對方的臉色變化便信口開河，叫做閉著眼睛瞎說。」以上三種情況都是沒有把握好說話的時機，或者是沒有注意說話的策略和技巧。所以，說話要把握時機，該出口時才出口。要把握說話的最佳時機，並非易事。

說話要選擇適合的場合，還要選擇適合的時間。說話的內容不論如何精彩，如果時機掌握不好，也無法達到最佳的效果。聽眾的內心世界常常隨著時間的變化而變化。即使對方願意聽你講話，或接受你的觀點，你也應當學會選擇恰當的時機。如果你喜歡看棒球比賽，你就會發現，棒球運

動員即使有高超的技藝、強健的體魄，可是沒有把握住擊球的決定性瞬間，棒就落空了。說話也是這樣，抓住時機是最重要的。

什麼時候才是這「決定性的瞬間」呢？主要看談話時的具體情況，憑你的經驗和感覺而定。

在交際場合，常常出現這種情況：有的人口若懸河，滔滔不絕，十分健談；而有的人即使坐了半天，也無從插話，找不到話題。

這就是一個「切入」話題的時機問題。怎樣才能及時地「切入」話題？應注意以下幾方面：

▍儘快找到雙方共同關心的基本點

有這樣一個故事：王先生新買了一臺洗衣機，因品質問題連續幾次送修都沒有修好。後來，他找到李經理訴說苦衷。

李經理立即把正在看武俠小說的年輕維修員阿冰叫來，詢問有關情況，並責備了張冰，責令其速同客戶回去重修。

一路上，阿冰鐵青著臉不說一句話，因為他正念念不忘武俠小說人物的命運。

王先生靈機一動，問道：「你看的《江湖女俠》是第幾集？」阿冰答道：「第二集，快看完了，可惜找不到第三集。」

王先生說：「包在我身上。我家還有不少武俠小說，等一會你儘管借去看。」

緊接著，雙方圍繞武俠小說你一言我一語，談得津津有味，開始時的尷尬氣氛消除了。後來，不但洗衣機修好了，兩個人還成了要好的朋友。

▌尋找發表自己意見最佳的時機

有了共同語言之後，什麼時候「切入」話題就顯得很重要了。

比如在討論會上，什麼時候是最佳發言的時機？如果你第一個發言，雖然能夠給聽眾造成先入為主的印象，可是，一般情況是，因為時間尚早，氣氛難免顯得沉悶，聽眾尚未適應，不太好調動他們的情緒。可是如果到了後邊再講，好處是能夠吸收別人的成果，進行有效的歸納整理，顯得井井有條，或針對別人的漏洞，發表更為完善的意見，可是因為時間太晚，很多聽眾都會覺得疲倦，希望儘快結束發言而不願再拖延時間，因此效果也不理想。

根據這些情況，經過研究證明，最好的發言時機是在第二個或第三個人發言之後及時切入話題，這樣的效果最好。

在這個時候，說話的氣氛已經活躍起來，如果你不失時機地提出自己的想法，最容易引起人們的關注。

研究證明，反映情況或說服他人的最佳時機是對方心情比較平和的時候。當對方勞累、不順心或注意力集中在其他事情上時，他們是沒有心情來聽你說話的。

選擇好時機，是一種尊重對方的表現，同時更是發揮說話效果的重點。只有對方對你所談的事情感興趣的時候，你的話才會產生應有的效果，達到預期的目的。

妙語點睛

說話要抓住時機，一語中的，出奇制勝。

在什麼場合說什麼話

　　某農村有個老太太去世了，親屬們一起商量後事。老太太生前囑咐要土葬，但是現在土葬已經不合時宜了，於是大家七嘴八舌，發表個人看法。老太太的孫子說：「這樣吧，老太太死都死了。現在屍體放在家裡，人來人往的，總不是辦法，我看燒掉最好，省錢省事！」這番話聽得大家十分惱火，恨不得上去打他一巴掌。

　　這時候，另外一個孫子上來說：「奶奶走了我很難過。現在遺體放在屋子裡得趕快處理才行。奶奶生前有土葬的願望，可土葬現在已經不行了，我看還是早點火化好。作為晚輩，說話有不周的地方還請大家原諒。大主意還是伯伯嬸嬸決定！」這番話聽得大家舒舒服服，伯伯嬸嬸也很快做了決定，把老太太火化了。

　　本來老人去世是一件悲痛的事，可是第一個孫子上來就什麼「死了」、「埋掉」、「燒掉」、「屍體」這種難聽的字眼，最後還來了個「省錢省事」，顯得不合時宜，冷酷無情；而第二個孫子上來則情真意切，在情在理，很有分寸，自然讓人聽了舒服。

　　如果周圍全都是自己熟悉的朋友，那麼說話就可以推心置腹，天南海北，無所不談，甚至說出一些過頭的話來也無傷大雅；但是如果在場的都是交往不深的人，就要收斂一下，不可恣意妄為，做事情也要公事公辦，不要不分對象胡亂裝熟。

　　同樣，說的話要貼合場合。在輕鬆的場合言語就要輕鬆，在熱烈的場合言語就要熱烈，在清冷的場合言語就要清冷，在喜慶的場合言語就要喜慶，在悲哀的場合語言就要悲哀。不看場合，隨心所欲，信口開河，想到什麼說什麼，這是愚人的拙劣表現。

　　適時說話，人們才會樂於聽取。在不同場合，根據具體情況來決定說還是不說，以及用什麼方式說，「言而當，知也；默而當，亦知也」。正所謂「時然後言，人不厭其言」。禮儀規範對言語的最基本的要求就是：在任何時候、任何場合，言語都應該「矜莊以涖之，端誠以處之」。

　　說話要區分不同的場合，否則就收不到理想的效果。某法院開庭審理一起竊盜案，被告對作案時間交代不清。為了核實，審判長決定傳被告之妻到庭作證。由於過分著急，審判長脫口而出：「把他老婆帶上來！」法庭頓時譁然，嚴肅的氣氛被沖淡了。當時，審判長應該運用法庭用語，宣布「傳證人某某某到庭。」由於以日常用語取代了法庭用語，不適應場合，因而顯得很不得體。

　　可見，只有依據不同的場合，選取最恰當的詞語，才能準確地表達自己的思想感情。

　　那麼，場合又分為哪幾種呢？主要可分為以下三類：

- **自己人場合和外人場合**：傳統文化一向是重視內外有別的。對於都是自己人的場合「關起門來說話」，可以無話不談，甚至可以說些放肆的話，什麼事都好辦；而對於都是外人的場合，便可「逢人只說三分話，未可全拋一片心」。求人辦事，一般是公事公辦。因此，遵循內外有別的原則，說話才能得體。

- **正式場合與非正式場合**：正式場合說話應嚴肅認真，事先要有所準備，不能亂扯一通。非正式場合下，就可隨便一些，像聊家常一樣，便於感情交流，談深談透。有些人說話文謅謅，有人講話俗不可耐，就是沒有正確區分正式場合與非正式場合的界限。

- **喜慶場合與悲痛場合**：一般來說，說話應與場合中的氣氛相協調。在別人辦喜事時，千萬不要說悲傷的話；在人家悲痛時，不要說逗樂的

話，甚至哼哼歌，別人就會覺得你這人太不懂事了。

說話有「術」，「能說會道」也是一種本領。古有「一語千金」之說，也有「妙語退敵兵」之事。可見，會說、巧說是何等重要。我們應重視「說」的作用，講究「說」的藝術。在求人辦事時，注意語言的學習與累積，針對不同的場合，要選用最得體、最恰當的語言來表情達意，力爭獲得最佳的效果。

「言多必失」不論什麼時候，什麼場合，說話時都要注意說話的分寸。特別是人多的場合，說到忘乎所以的時候很容易失言，一旦失言，你的話就可能中傷或傷害到某個人，這自然會為你招惹禍端。

在事業發展的過程中，一言一行都關係著個人的成就榮辱，所以言行不可不慎。那些成功的人，說話很會掌握分寸，不管在什麼場合都是落落大方，該說的話一定會說到位；不該說的時候，一句話也不說。

有的人口齒伶俐，在交際場合口若懸河，滔滔不絕，誠然，這是不少人所嚮往的「境界」。但如果沒有那樣的水準，仍喜歡張揚自己，在人多的地方口無遮攔，一旦說漏了嘴，再想要補救是很難的。所以在人多的場合盡量少講話，並講究「忌口」。否則，若因言行不慎而讓別人下不了臺，或把事情搞砸，那就得不償失了，因為對別人造成的傷害是一時性的，但對自己造成的影響卻是長久性的 —— 你在別人心目中的形象會定形為「惡人」。或許這個「惡人」用得有點過分，但起碼你留在別人心中的印象不會是好的。

總之，我們在與人溝通時要明白溝通的目的，看準溝通的場合，懂得隨機應變，在什麼場合，就說什麼話。

妙語點睛

> 說話要顧及場合，否則再好的話題，再優美的話語，也不會產生
> 好的效果，甚至會適得其反。

見什麼人，說什麼話

　　話說某人擅長奉承，一日請客，客人到齊後，他一個個問人家是怎麼
來的。第一位說是坐計程車來的，他大拇指一豎：「瀟灑，瀟灑！」第二
位是個長官，說是親自開車來的。他驚嘆道：「時髦，時髦！」第三位顯
得不好意思，說是騎自行車來的。他拍著人家的肩膀連聲稱讚：「廉潔，
廉潔！」第四位沒權也沒勢，自行車也丟了，說是走著來的。他也面露羨
慕：「健康，健康！」第五位見他捧技高超，想難一難他，說是爬著來的。
他擊掌叫好：「穩當，穩當！」

　　看完之後，你也許會捧腹大笑，甚至會罵這人是個馬屁精。但細細思
忖之下，定能悟出「見什麼人說什麼話」的奧妙之所在。沒有人會喜歡一
個老生常談、自說自話的人。「人以類聚，物以群分」了解人與人之間的
年齡、性別、性格、職業、地位、興趣愛好、文化知識等多方面的差異，
調整自己的溝通方式去適應對方，這樣別人才會樂於與你溝通。

　　具體來說該怎麼做呢？可以依照下面幾點：

▎看對方的性格和性別特徵

　　對方性格外向，透明度高，你就可以隨便一些，開開玩笑、鬥鬥嘴，
他會很自然地接受；如果對方性格內向、敏感，你就可以講一講得體的笑
話，讓他變得開朗一些，最重要的是表現真誠，可以挖掘對方比較在意、

隱藏在內心深處的話題，讓對方覺得你是真正關心他的。

有的女孩性格外向，個性鮮明，男孩子氣十足，你若跟她談化妝、美容，她也許會毫無興趣，如果談運動、談明星，她可能會興致勃勃。針對不同性格的人，你應該學會說不同的話。

同樣說人胖，男性會一笑置之，而女性則可能會拉下臉來，自尊心受到傷害，這就是性別帶來的差異。所以，同樣的話對男人說和對女人說的效果是不一樣的。說話時要注意這種差異，對不同性別的人說不同的話。

有位明星大學中文系畢業的高材生，在人才招聘會上，想應徵某公司的辦公室祕書一職，年輕人在經理面前作自我介紹時說話拐彎抹角，半天不切入主題。她先說：「經理，聽說你們公司的辦公環境相當不錯。」經理點了點頭。接著，高材生又說：「現在高學歷的人才是越來越多了。」經理又點了點頭，什麼也沒說。而後，高材生又說：「經理，祕書一般要大學畢業，要比較有文采吧？」高材生的話繞了一個大大的圈子，還是未能道出自己的本意。豈料，這位經理是個急性子，他喜歡別人與自己一樣，說話辦事乾脆俐落。正因為高材生不了解經理的性格，結果話未說完，經理便托詞離去，高材生的求職也化成了泡影。

▌看對方的身分特徵

俗話說「秀才遇到兵，有理說不清」，如果你對普通的工人農民擺出知識分子的架子，滿口之乎者也，肯定讓對方滿頭霧水，更別說被接受、認可了。要是遇見文化修養較高的人，也不能開口就一副江湖氣，這樣容易引起反感，更無法獲得交往的信任和好感。

所以，要想收到理想的表達效果，就應當看對象的身分說話，對什麼人，說什麼話。如果不區分對象的身分說話，人們聽起來就會覺得彆扭，甚至產生反感，那勢必會影響溝通效果。

▌看對方的興趣愛好

比如和有小孩的女性說話，可以說說孩子教育和家庭生活；和公司員工說話，可以說說經濟環境等問題……說得不深入也沒關係，只要你開口了，他們便會不由自主地告訴你很多關於他自己和工作上的事情。如果你還善於引導，他恐怕連心事都要掏出來了。

有個青年想拜一位老中醫為師，為了博得老中醫的歡心，他在登門求教之前作了認真細緻的調查：他發現老中醫平時愛好書法，遂瀏覽了一些書法方面的書籍。起初，老中醫對他態度冷淡，但當青年發現老中醫桌上放著書寫好的字幅時，便拿起字幅邊欣賞邊說：「老先生這副墨寶寫得雄勁挺拔，真是好書法啊！」對老中醫的書法予以讚賞，讓老中醫有了愉悅感和自豪感。接著，青年又說：「老先生，您這寫的是唐代顏真卿所創的顏體吧？」這樣，就進一步激發了老中醫的談話興趣。果然，老中醫的態度轉化了，話也多了起來。接著，青年對所談話題著意挖掘、環環相扣，致使老中醫精神大振，談鋒甚健。終於，老中醫欣然收下了這個「懂書法」的弟子。

▌看對方的年齡特徵

老年人喜歡別人說他年輕；中年人喜歡別人說他事業有成，家庭美滿；而年輕人就喜歡別人說他有衝勁、有活力，不同年齡層次的人喜歡不同的話題。

假如你要打聽對方的年齡，對小孩可以直接問：「今年多大了？」對老年人則要問：「您今年高壽？」我們不提倡問女士的年齡，但是如果非要問，也可以講究方法，只要掌握好分寸，不會讓別人覺得唐突、不禮貌。對年齡相近的女性可以試探說：「妳好像沒我大？」對年齡稍大的女

性則可以問：「您也就 30 出頭吧？」這樣一來，便可皆大歡喜。

▌看對方的心理需求

不同的人會有不同的心理需求。如果你懂得一點心理學，就很容易把話說到人的心坎裡。

19 世紀的維也納，上流階級婦女喜歡戴一種寬簷帽。她們進戲院看戲也總是戴著帽子，擋住了後排人的視線。戲院要求她們把帽子摘下來，她們仍然置之不理。劇院經理靈機一動，說：「女士們請注意，本劇院要求觀眾一般都要脫帽看戲，但是年老一些的女士可以不必脫帽。」

此話一出，全場的女性都自覺地把帽子脫了下來：有哪個女人願意承認自己老呢？劇院經理就是利用了女性愛美愛年輕的心理特點和情感需求，順利地說服了她們脫帽。

戰國時期著名的縱橫家鬼谷子，曾經總結道：「與智者言，依於博；與博者言，依於辨；與辨者言，依於要；與貴者言，依於勢；與富者言，依於高；與貧者言，依於利；與賤者言，依於謙；與勇者言，依於敢；與愚者言，依於銳。」

如果你能掌握上述原則，說話時自然不容易出錯。「見什麼人說什麼話」的道理可以幫你分清界限，理清場合，讓我們的人際溝通能力更上一層樓。

妙語點睛

和不同的人溝通，你要懂得因人而異，靈活變通，這樣別人才能接受你的話。

替嘴巴上一道鎖

　　幾位大學生去安養院慰問一位退休老教師，見面以後大學生問道：「吳老師，您的身體真硬朗，今年高壽？」

　　老人家高興地說：「八十一啦。」

　　大學生繼續問道：「身體還健康吧？在退休老教師裡面您可算得上是長壽將軍了。」

　　老人家面帶微笑地說：「哪裡，老賈年齡比我大，他已經九十歲了。不過，他去年上西方極樂世界報到去了。」

　　「啊，這回可輪到您了。」幾位大學生異口同聲道。老人家聽到這裡，臉色驟變，板起臉來把他們攆了出去。

　　任何人都無法預測一句話會造成什麼樣的後果，說不定哪句不該說的話被自己說出口後，會惹來不必要的麻煩。這就要求人們在說話之前要深思熟慮，不該說的千萬別出口。

　　蘇東坡有這樣一首詩：「高山石廣金銀少，世上人稠君子稀。相交不必盡言語，恐落人間惹是非。」

　　「相交不必盡言語」就是這個道理。很多時候，我們談興甚濃，於是海闊天空無所不談，畫蛇添足或是把一些完全不該說的話和盤托出。這樣豈能不惹是非？

　　小麗不久前剛剛生了一個孩子。一天，她和另一個辦公室的小楊迎面相遇，小楊出於禮貌，打招呼說：「妳來上班了？真辛苦啊！妳生的小孩還可愛吧？」

　　說完之後，小楊立即意識到自己的話語有些欠妥，因為沒有誰認為自己的孩子是不可愛的，而你還要再去強調這個問題，必然引起對方的不

快。果然，小麗就說：「謝謝！妳也快生一個不就知道可愛不可愛了！？」而小楊是一個 30 多歲，還沒有婚史的人。小麗後面的話，刺傷了小楊的自尊，無意中加深了兩個人之間的誤會。如果她們都能適可而止，吞下後面的話，就不會造成彼此的不愉快了。

在與人交往中要做到吞下不該說的話，應該具備這樣的心態：就算你是全世界最自我的人，也要懂得尊重別人。不要以為吞下自己最後一句話就會失去自我，其實那才是真正懂得保護自己的人。

適時地閉上你的嘴巴，你會看起來更加可愛。不要不顧別人的想法而肆意傾倒你的垃圾資訊，更不要隨便對一個不熟悉的人賣弄你的小道消息和私人問題。

小心那些只聽不說的人，或許是因為害羞，或許他們隱藏了「殺機」。在詢問式和操縱式的傾聽中，要學會分辨同情和尊重的耳朵。

災禍往往出自於口，在工作和生活中，要講究說話的方法，管不好自己的嘴，就相當於在自己身上安了一顆定時炸彈。

那麼，在交談中哪些方式不受歡迎，容易招惹麻煩呢？

- **無事不通、無事不曉的逞能**：言談中，談話的內容往往涉及天文、地理、歷史、哲學等古今中外、日月經天般的話題。同時交談是相互了解、相互交流的方式，而不是表現學識淵博、見識廣泛的舞臺。如果你在交談中表現得無事不通、無事不曉，到時定會吃到苦頭。更何況老子曾說過：「言者不知，知者不言。」交談中什麼都說的人其實什麼都不知道。

- **逢人訴苦、博取同情的憶苦**：在人生長河中，每個人都會遇到挫折和困苦，但每個人對待的方式不同，有的人迎難而上，有的人知難而退，有的人卻將苦難帶來的負面情緒傳染給別人，在眾人面前陳述自

己的辛酸，以博取同情。如果碰到一些挫折 —— 進展不順、遭人誤解等，就經常唉聲嘆氣，怨天尤人，說工作太難做了，實在不想幹了，一肚子的牢騷。開始時，朋友也許會為你排憂解難，想一些法子，給你打打氣。但是每次相聚談話都是如此，朋友們就會覺得你太沒志氣，簡直就是一個「牢騷家」，以後就會與你疏遠。所以，交際中一味地訴苦會讓別人覺得你沒魄力、沒能力，從而失去別人對你的尊重。

- **喋喋不休、滔滔不絕的獨白**：許多女人在交談中，自始至終一人獨唱主角，喋喋不休、滔滔不絕。這樣其實不但無法表現自己的交談口才，反而會令人生厭。要知道，池蛙長鳴，不為人注意，而雄雞則一鳴驚人，這就表示過多的「說單口相聲」無法交流思想，不能增進感情。交談時應談論共同的話題。讓每個人都充分發表意見，留心別人的反應，這樣才能融洽氣氛。正如亞歷山大‧湯姆所說：「我們的談話就像一次宴請，不能吃得很飽才離席。」

- **尖酸刻薄、烽煙四起的爭辯**：交際中有時免不了爭辯，但善意、友好的爭辯更能增進彼此間的了解，起到活躍氣氛的作用，有時一場精彩的爭辯會令人盪氣迴腸，齊聲喝彩；但是尖酸刻薄、烽煙四起的爭辯會傷害他人，導致心情鬱悶、令人望而嘆息、敬而遠之。因為尖刻容易樹敵、如果一個人在言談中出現四面楚歌、群起攻之的局面，他的處境就可想而知了。

- **口無遮攔、出口傷人的話語**：災禍往往出自於口，無論身處什麼位置，也不管財富多麼雄厚、勢力有多麼強大，語言不當總會帶來負面影響。在與人交往時要注意該說的留一點，不該說的莫開口。要時刻拿捏好分寸，盡量讓說出的話委婉動聽。

　　總之，在社交場合，誠實與熱情是交談的基礎，三思而後言，管住自己的嘴巴，是溝通的路標。擁有這些，你的話語才能精彩，你才能贏得更多朋友的尊重和幫助，你的交際之路方可一帆風順。

妙語點睛

> 與人談話時，該說的話留一點，不該說的不開口。因為，說出去的話，如潑出去的水，無法收回。

學會包裝你的語言

　　俗話說得好「佛要金裝，人要衣裝」。商品要有新穎的包裝才會吸引顧客，女人要有漂亮的衣裳才更能顯現出她的美麗風姿。說話也要像商品和人一樣，需要經過良好的包裝才能讓人接受和信服。就比如你說「喂，讓開」，就不如說「你好，請讓一下好嗎」效果好。這就是包裝的魅力。

　　人們都說，關係是營造出來的。同樣的事情，有人著急上火、口不擇言，有人則不急不躁、言語穩重，最後結果就大相逕庭。話語如同一把利刃，可以伐木也可以傷人，就看操持者怎麼使用。己所不欲，勿施於人，既然每個人都喜歡聽那美酒一樣的良言，為什麼不對別人也說出美好的語言呢？注意說話的方式，把難說的話變得好聽，才是真正有素養的口才高手。下面就教你一些小技巧：

▌難以啟齒的話，要用機智與幽默包裝起來

　　每個人在日常生活中都會遇到必須講一些難以啟齒的話的情況。這種時候，如果直接說出口，很可能引起對方的反感，或者讓對方產生不快。

如果把想說的話用機智與幽默來傳達,用這種委婉的方式,對方就會一笑置之,既不傷害對方,說的人心裡也不會有很重的負擔。

▍警告別人時不要指出缺點,而要強調如果糾正過來會更好

有位公司經理慨嘆糾正別人的錯誤實在難,稍微指責一下部屬,部屬不是置之不理,就是越變越壞。這位經理只是指出對方的缺點加以批評而已。他如果換一種方式,強調糾正過來會更好,那就會是另一種情況。

有位足球教練在糾正選手時,不說「不對,不對」而說「大致上不錯,但如果再糾正一下……結果會更好」。他並不否定選手,而是先加以肯定再糾正,也就是說先滿足對方的自尊心,然後再把目標提高。如果只是指責、警告,只會引起選手的反感,不會有任何效果可言。

▍傳達壞消息時,要附加一句「令人無法相信」

傳達壞消息,心情總是沉重的。所以,這種時候更需要一些思考,否則甚至可能演變成很嚴重的問題。

在傳達壞消息前加一句「真令人無法相信……」那麼對方所受到的衝擊就會輕很多。有一位國中教師,他對成績退步的學生說:「實在令人難以置信,你考出這樣的分數。」如果老師能用這種方式說話,那位同學下次成績一定會提高。倘若只是傳達事實的話,機器人也辦得到,但效果卻不會令人滿意。但是,「令人難以置信」這句話顯示出的則是機械所不具備的靈活。

▍不小心提到對方的缺點時,也要加上讚美的話

想必每個人都曾有過不小心說話傷到對方或對對方不禮貌的時候。話一旦說出來就無法收回,當時的氣氛就會被破壞了。這種情形大多數人會

連忙辯解，或者換上溫和一點的措辭 ── 這實在不是好方法，因為對方認為你心裡這麼想才會出言不遜。這種時候不要去否定剛才說出來的話，要盡量沉著，若無其事地附帶說道：「但是，你也有……優點，所以表面上的缺點更顯得有個性。」人對於別人說過的話總是對最後的結論印象最深刻，附加讚美的話，對方便認為結論是讚美，即使前面說過令人不愉快的話，也就不會計較了。

▋提意見時，更多提供假設

你直接說「這樣不好」，不如說「如果……是不是更好？」為對方提供一些假設，一些建議，比生硬地提意見更容易讓人接受。同樣的意思，只是換了不同的說法，結果就截然不同。

▋托第三者傳達對對方的意見可以一石二鳥

某企業的經理說，他的公司有幾位兼職的女職員言談很隨意，甚至對他這個上司說起話來也很隨便。有一天，他告訴一個已經任職兩三年的女職員：「最近的年輕人說話有點隨便，請你代我轉告一下某某好嗎？」結果卻很令人意外。那幾個兼職的女職員談吐真的有所改善，而那個負責轉告的女職員對自己的談吐最為小心翼翼。恐怕是「最近的年輕人」這個詞讓那個女職員覺得自己也包括在內。

這個女職員的改變，連主管也意想不到。這也是用來表達對別人有意見的一種好方法，也就是說托「第三者之口」而不要直接批評，如此一來，對方就會虛心接受而不大會產生反感。但是這種托「第三者之口」的批評，要掌握好尺度，不要太過明顯，讓人覺得像「指桑罵槐」就不好了，這一點應當多加注意。

直言快語固然能讓人感覺爽快，但是委婉說話更能體現出一個人駕馭

語言的能力。委婉並不是有心機，也不是故意遮遮掩掩繞圈子，而是體現出一個人對交往對象的尊重和體貼，體現出一個人交際的成熟風範。包裝一下你的外表，再包裝一下你的語言，那麼你就是一個善於交際的人了。

妙語點睛

> 直言快語固然能讓人感覺爽快，但溫言含蓄更具有吸引力，而且還能體現出你駕馭語言的能力。

說話要留有餘地

某公司新研發了一個專案，老闆將此事交給了下屬小張，問他：「有沒有問題？」他拍著胸脯回答說：「沒問題，放心吧！」

過了三天，沒有任何動靜。老闆問他進度如何，他才老實說：「沒有想像中那麼簡單！」雖然老闆讓他繼續努力，但對他拍胸脯的信誓旦旦已經開始反感。

我們經常會聽到某些人說話時常常是斬釘截鐵的，「我一定可以」、「我一定能辦到」、「你還不相信我呀？」……類似的話可以說是張口就來。當然，這樣的話語裡蘊含了一個人的自信，這是無可厚非的，但是有時候我們說話必須要留有餘地，這就需要你根據具體的事實來說話，在比較正式的場合我們還是不要把話說得太絕為妙。

有句俗話：「人情留一線，日後好相見。」生活中很多尷尬其實是自己一手造成的，有一些就是因為話說得太絕對。凡事多些考慮，留有餘地，總能給自己留條後路，這在外交辭令中是見得最多的。每個外交部發言人都不會說絕對的話，要麼是「可能，也許」，要麼是含糊其辭，以便

一旦有變故，可以有轉圜餘地。不把話說死是一個人老練成熟的標準。

　　自以為是的人容易把話說滿。他們總覺得自己的見解沒有錯，根本不容分辨，於是馬上蓋棺定論，不留餘地。可是，要知道杯子留有空間，是為了輕輕晃動時不會讓液體溢出來；氣球留有空間，是為了不會因輕微的擠壓而爆炸；人說話留有空間，是為了防止「例外」發生而讓自己下不了臺。

　　人人都討厭謊話連篇的人，吹得天花亂墜，實際行動卻不見幾分，難免讓人覺得華而不實，難以信任。不如低調一點，做的比說的多，多幹活少說話，用實際行動證明自己的價值。當然，也有人話說得很滿，而且也做到了，即使這樣，說滿話也不可取，畢竟謙虛一些能留給人美好的印象，而一味拍胸脯說大話，總是讓人覺得你不夠穩重。何況，凡事總有意外，使得事情發生變化，而這些意外並不是能預料的，話不要說得太滿，就是為了容納這個「意外」。

　　在做事的時候，對別人的請託可以答應，但最好不要「保證」，應代以「我盡量，我試試看」的字眼；上級交辦的事當然要接受，但不要說「保證沒問題」，應代以「應該沒問題，我會全力以赴」之類的字眼。這是為萬一自己做不到所留的後路，而這樣說事實上也無損你的誠意，反而更顯出你的謹慎，別人會因此更信賴你，即便事沒做好，也不會太責怪你。

　　用不確定的詞句可以降低人們的期望值，你若不能順利地做成某件事情，人們因對你期望不高，最後總能諒解你，而不會對你產生不滿，有時他們還會因此而看到你的努力，不會全部抹殺你的成績；如果你能出色地完成任務，他們往往喜出望外，這種增值的喜悅會給你帶來很多好處。

　　話不說滿也表現在不要對他人太早下評斷，像「這個人沒指望了」、

「這個人一輩子沒出息」之類，浪子還有回頭的時候，人一輩子很長，變化還很多，怎麼能憑主觀就評定別人的一生？

　　無論何時，我們說話的時候都要提醒自己，要給自己留餘地，使自己可進可退，這好比在戰場上一樣，進可攻，退可守，使自己處於主動的地位。這樣雖然不能保證自己一定處於戰無不勝的地位，但是至少可以保證自己不會敗得一塌糊塗。要想掌握說話的分寸，給自己留餘地，需注意以下兩點：

▍話不要違背常情常理

　　事物都有自己存在的道理，人事也有自己存在的情理。說話時，如果違背了常情理，就會給別人留下把柄。因此，在談話時，要記住話不要說過了頭。

　　聽聽兩位推銷員對同一商品的介紹，他們推銷的是同一款產品：襪子。第一位推銷員隨手拿起一隻襪子，緊接著他又拿起打火機，在襪子下面快速地晃動，火苗穿過襪子，而襪子也未受到損傷。在他一番介紹之後，襪子在顧客手中傳看。一位顧客要用打火機燒，急得推銷員趕忙補充說：「襪子並不是燒不著，我只是證明它的透氣性好。」最後大家終於明白怎麼回事，襪子的品質沒話說，但當時氣氛明顯地影響了顧客的消費情緒。

　　而第二位推銷員，也是一邊說一邊演示，不過他注意到介紹的科學性，說得非常周到。他是這樣說的：「當然，任何事物都有它的科學性，襪子怎麼會燒不著呢？我只是想證明它的透氣性好，它也並不是穿不破，就是鋼也會磨損的。」這番介紹沒有給天性愛挑刺的顧客留下可乘之機。接下來，他一邊給大家傳看襪子，一邊講解促銷的優惠價格，銷售效果明顯好於前一位推銷員。

▌話不要說得太絕對

　　人們考慮問題都喜歡來個相對思考，也許是愛因斯坦的「相對論」深入人心的緣故吧。對於絕對的東西，在心理上會有一種排斥感。比如，當你斬釘截鐵地說：「事實完全就是這樣。」此時在別人心裡就會存有疑問：「難道真的一點也不差？」也許你只是陳述事實。可是他心裡老是琢磨「難道一點也不差」的時候，他對你話語的領悟就會有點捨本逐末了。倒不如這樣說：「事實就是這樣。」

　　因此，在談話時，即便是我們絕對有把握的事，也不要把話說得過於絕對，絕對的東西容易引起他人的質疑。而現實是，如果對方故意挑刺，往往就能挑出刺來。與其給別人一個挑刺的藉口，不如把話說得委婉一點。同時，如果我們不把話說得絕對，我們還可以在更為廣闊的空間與對方周旋。

　　人們常說「話不要說滿，事不要做絕」就是這個道理。事情做絕，不留餘地，不給別人機會，不寬恕別人，處理事情下狠手都是不理智的行為。無論矛盾有多深，最好都不要說出「勢不兩立」之類的話，否則日後萬一有合作的機會，一定左右為難，尷尬萬分。時時處處留有餘地是為人處世的大智慧，進可攻，退可守，這才是成功的做人之道。

妙語點睛

> 說話不留餘地等於不給自己留退路，你會為此付出很大的代價。
> 真正有自信的人更懂得謙卑，不會把話說得太絕。

第9章
豐富細膩，肢語無聲勝有聲

　　根據調查研究：當我們在與他人進行溝通時，語言只是發揮了 7% 的傳達作用。聲音占了 38%。更重要的是：肢體語言在溝通中發揮了 55% 的影響。肢體語言揭示了人的情感、態度、智慧和教養，肢體語言雖然無聲，但傳遞的資訊往往超過有聲語言；人際交往離不開肢體語言，跨文化交際更需解讀肢體語言。剖析肢體語言，使你在商戰中明察秋毫，搶占先機；善用肢體語言，讓你在應徵謀職時穩操勝券；巧用肢體語言，助你輕鬆成為溝通高手。

肢語，讓言語失色

　　一個人走進餐廳點了酒菜，吃罷摸摸口袋才發現忘了帶錢，便對老闆說：「老闆，今日忘了帶錢，改日送來。」老闆連聲：「沒事，沒事！」並恭敬地把他送出了門。

　　這個過程被一個無賴看到了，他也進餐廳點了酒菜，吃完後摸了一下口袋，對老闆說：「老闆，今日忘了帶錢，改日送來。」

　　誰知老闆臉色一變，揪住他，非剝他衣服不可。

　　無賴不服，說：「為什麼剛才那人可以賒帳，我就不行？」

　　老闆說：「人家吃菜，筷子在桌子上找齊，喝酒一盅盅地篩，斯斯文文，吃罷掏出手絹揩嘴，是個有德行的人，豈能賴我幾個錢。你呢？筷子往胸前找齊，狼吞虎嚥，吃上癮來，腳踏上長凳，端起酒壺直往嘴裡灌，吃罷用袖子揩嘴，分明是個居無定室、食無定餐的無賴之徒，我豈能饒你！」

　　一席話說得無賴啞口無言，只得留下外衣，狼狽而去。

　　從這個故事可以看出：

- 動作姿態是一個人文化修養的外在體現。一個品德端莊、富有涵養的人，其姿態必然優雅。一個趣味低級、缺乏修養的人，是做不出高雅的姿態來的。

- 在人際交往中，我們必須留意自己的形象，講究動作與姿態。因為我們的動作姿態，是別人了解我們的一面鏡子。

- 在人際交往中，我們可以透過別人的動作和姿態來衡量、認識和理解別人。

說起溝通，人們自然會想到最直接、有效的口頭語言。不錯，人與人之間的思想交流、情感連絡都需要簡明直接的語言來表達及傳遞。除此之外，動作、表情、視線等肢體語言，雖然也被人們在不經意地運用著，但它在溝通交流中的影響力和特殊作用卻沒有引起人們的注意。美國著名傳播學家亞伯特‧麥拉賓（Albert Mehrabian）曾提出一個公式：資訊的全部表達 =7%語言 +38%聲音 +55%肢體語言。可見，「此時無聲勝有聲」肢體語言在人際溝通過程中比言語更為重要。

與人談話，除了話語的內容之外，對方的一舉一動、一顰一笑，更可以透露玄機。而且，肢體語言是輔助說話最有效的工具，許多言外之意都能靠著肢體語言透露出來，所以我們應該深入了解肢體語言，以便能夠洞察先機，預先做好下一步的準備。

在 1930 年代以前，電影還處於無聲時代，由於肢體語言是大銀幕上唯一的溝通方式，因此，像卓別林這樣的電影演員就成了揣摩並施展肢體語言技巧的先驅。在當時，能否恰到好處地使用各種手勢以及能否巧妙地用身體各部位發出信號與觀眾交流，就成了評判每位演員演技好壞的尺規。

有聲電影時代的來臨使人們漸漸地將注意力的焦點從無聲的肢體語言

轉移到了演員的對話上，結果，許多無聲電影演員便因此而失去了往日的輝煌，逐漸銷聲匿跡。只有那些既擅長對話表演形式，又具備精湛的肢體表演技能的演員，才能在這場電影的大變革中生存下來。

如今，很多人把人際溝通的工夫幾乎全部下在口頭語言上，只有真正的溝通高手才能意識到肢體語言的重要性。一個無心的眼神，一個不經意的微笑，一個細小的手勢，一套整潔簡約的衣著，都有可能決定人際溝通的成敗，哪怕這只是一場簡單的相親會。

在某種特殊情況下，肢體語言不但可以單獨使用，甚至還可以表達出有聲語言難以表達的思想感情，直接代替有聲語言。

肢體語言的使用簡便快捷、靈活自由。只要人們張口說話，都會有意或無意地運用肢體語言來傳情達意，交流資訊。有時肢體語言甚至先於有聲語言在口才表達接受者的心目中形成第一視覺形象，直接影響有聲語言的表達效果；有時說話人在不開口的情況下，單純運用肢體語言，也能傳達一定的資訊。在人類的交談活動中，很少有只運用有聲語言而不運用肢體語言的。它總是與有聲語言默契配合，協調一致，相輔相成，相得益彰。

有聲語言直接作用於人的聽覺器官，不具有視覺的形象可感性；而肢體語言則不同，它以靈活多變的表情、動作、體態構成一定的人體圖像來傳情達意，交流資訊，直接作用於人的視覺器官，具有形象直觀的特點。如形容物體的大小，用手勢來比劃；對某一事物表示贊成或反對，採用點頭或搖頭的方式等，都具有鮮明的形象直觀性。

肢體語言不但要與有聲語言協調配合，而且交談雙方也要協調配合，雙向交流，才能達到交談的目的。美國著名人類學家霍爾（Edward Hall）曾指出這種人類交際的常見現象：一個人傾聽別人說話時，總會望著對方的臉，尤其是他的眼睛；為了表示注意，聽話者會輕輕地點頭，或者

說「嗯、是的」，如果哪句話他深表贊同，點頭就點得很深；如果感到懷疑，他就會皺起眉頭來，或者嘴角向下拉；要是不想再聽下去，就會將身子挪一挪，把腿伸一伸，或者移開視線，不再注視說話人等。以上說的種種現象，正是對應性的表現。

人類學家雷·博懷斯特爾（Ray Birdwhistell）是最初非語言交際 —— 他稱之為「動作學」 —— 的宣導者。針對人與人之間發生的非語言交流，博懷斯特爾也做出了相似的推斷。他指出：一個普通人每天說話的總時間為 10 ～ 11 分鐘，平均每說一句話所需的時間則大約只有 25 秒。同時，他還推斷出，我們能夠做出並辨認的臉部表情大概有 25 萬種。

博威斯特還發現，在一次面對面的交流中，語言所傳遞的信息量在總信息量中所占的份額還不到 35％，剩下的超過 65％ 的資訊都是透過非語言交流方式完成的。根據發生於 1970 ～ 1980 年代的上千次銷售和談判過程的詳細研究結果表明，商務會談中談判桌上 60％ ～ 80％ 的決定都是在肢體語言的影響下做出的。同時，人們對一個陌生人的最初評判中，60％ ～ 80％ 的評判觀點都是在最初不到四分鐘的時間裡就已經形成了。除此之外，研究成果還指出，當談判透過電話來進行的時候，那些善辯的人往往會成為最終的贏家，可是如果談判是以面對面交流的形式來開展的話，那麼，情況就大為不同了。因為，總體而言，當我們在做出決定的時候，在所見到的情形與所聽到的話語中，我們會更加傾向於依賴前者。

肢體語言，是比說話更有效的溝通方式。

妙語點睛

肢體語言也是一種溝通形式，它更加豐富細膩，而且更能表達內心的真實需求。

表演，身體會說話

　　肢體語言會伴隨著我們的說話同時產生。肢體語言來自於臉部表情、眼神接觸、手勢、站立姿勢和態度，大多數情況下，它是潛意識的。肢體語言的細微差別雖是非常複雜的，但是有些簡單的肢體語言甚至能抵得上千言萬語。可以說：無聲語言所表達的意義要比有聲語言多得多。

　　運用肢體語言能夠傳達你的言外之意和情感，從而引導對方，讓溝通更加順暢。那麼，我們如何讓自己的身體會「說話」？

▌體態

　　達文西曾說過，精神應該透過姿勢和四肢的運動來表現。同樣，在人際交往中，人們的一舉一動，都能體現特定的態度，表達特定的含義。

　　一個人的體態會流露出他的態度。身體各部分肌肉如果繃得緊緊的，可能是由於內心緊張、拘謹，在與地位高於自己的人交往中常會如此。推銷專家認為，身體的放鬆是一種資訊傳播行為。向後傾斜 15 度以上是極其放鬆。人的思想感情會從體態中反映出來，略微傾向於對方，表示熱情和興趣；微微起身，表示謙恭有禮；身體後仰，顯得若無其事和輕慢；側轉身子，表示嫌惡和輕蔑；背朝人家，表示不屑理睬；拂袖離去，則是拒絕交往的表示。

　　傳統很重視在交往中的姿態，認為這是一個人是否有教養的表現，因此要「站如松，坐如鐘，行如風」之說。

　　在日本，百貨商場對職員的鞠躬彎腰還有具體的標準：歡迎顧客時鞠躬 30 度，陪顧客選購商品時鞠躬 45 度，對離去的顧客鞠躬 45 度。

　　如果你在交談過程中想給對方一個良好的第一印象，那麼你首先應該重視與對方見面時的體態表現，如果你和人見面時垂著腦袋、無精打采，

對方就會猜想自己也許不受歡迎；如果你不正視對方、左顧右盼，對方就可能會懷疑你對於這次會面是否有誠意。

目光

兩個人對話時，目光接觸，是人際間最能傳神的非言語交往。「眉目傳情」、「暗送秋波」等成語形象地說明了目光在人們情感交流中的重要作用。

目光不免會經常接觸，而從對方的目光中，很容易了解對方的感覺。如果對方目光有神地望著你，至少他是在專心聽你說話；如果對方目光四處遊移，一副心不在焉的樣子，可能是他對話題不感興趣，這時我們便要適時地將話題導引至其他能夠引起對方興趣的方面。

在人們交往過程中，彼此之間的注視還因人的地位和自信而異。推銷學家在一次實驗中，讓兩個互不相識的女大學生共同討論問題，預先對其中一個說，她的交談對象是個研究生，同時卻告知另一個人說，她的交談對象是個大考多次落第的高中生。觀察結果是，自以為自己地位高的女學生，在聽和說的過程都充滿自信地不住地凝視對方，而自以為地位低的女學生說話就很少注視對方。在日常生活中也能觀察到，往往主動者更多地注視對方，而被動者較少迎視對方的目光。

表情

許多人的喜怒哀樂都是寫在臉上的，即使是一個深沉的人，從臉部表情變化都多少可以看出一些端倪來。例如，在兩方代表團對坐於談判桌前，在後排的人士中，就有人專門是在解讀對方表情變化的。

又例如，老師上課上到一段落時，問學生懂了沒有，如果學生是一臉茫然的表情，那不用說，一定是似懂非懂了。可見臉部表情，也是一門可以深入研究的學問。

語氣

　　說話時語氣的抑揚頓挫，對於說話內容有很大的影響，比如說吵架的時候，通常都是大聲的；情話綿綿時卻又是竊竊私語了。說話時有一些輔助的字句，例如「嗯」、「啊」、「噢」等，雖然都是語尾助詞，卻也是可以聽得出另一番意義的。

　　有一次，義大利著名悲劇影星羅西應邀參加一個歡迎外賓的宴會。席間，許多客人要求他表演一段悲劇，於是他用義大利語念了一段「臺詞」，儘管客人聽不懂他的「臺詞」內容，然而他那動情的聲調和表情，淒涼悲愴，不由使大家流下同情的淚水。可一位義大利人卻忍俊不禁，跑出會場大笑不止。原來，這位悲劇明星念的根本不是什麼臺詞，而是宴席上的功能表。

　　恰當自然地運用各種語音語調是交際成功的前提。一般情況下，柔和的聲調表示坦率和友善，在激動時自然會有顫抖，表示同情時略微低沉。不管說什麼話，陰陽怪氣的，就會像是在冷嘲熱諷。用鼻音哼聲往往表現傲慢、冷漠、惱怒和鄙視，是缺乏誠意的表現，會使人不快。

衣著

　　在談判桌上，人的衣著也在傳播資訊，起到與對方溝通的作用。義大利影星蘇菲亞羅蘭說：「你的衣服往往表明你是哪一類型，它代表你的個性，一個與你會面的人往往自覺地根據你的衣著來判斷你的為人。」

　　衣著本身是不會說話的，但人們常在特定的情境中以穿某種衣著來表達心中的思想和要求。在人際交往中，人們總是恰當地選擇與環境、場合和對方相稱的衣著。在談判桌上，可以說衣著是談判者「自我形象」的延伸擴展。同樣一個人，穿著打扮不同，給人留下的印象也完全不同，對交

往對象也會產生不同的影響。

　　美國有位行銷專家做過一個實驗，他本人以不同的打扮出現在同一地點。當他身穿西服以紳士模樣出現時，無論是向他問路或問時間的人，大多彬彬有禮，而且本身看來基本上也是紳士階層的人；當他打扮成無業遊民時，接近他的多半是流浪漢，或是來找火借菸的。

　　身體語言的解讀和運用，必須結合具體的溝通情境、不同的風俗習慣以及人物的性格特點等進行具體分析。同樣一種表情、動作或神態，在不同的溝通情境、不同的地域裡所反映的意義可能會大相逕庭，而不同性格的人在傳遞資訊時展示出的身體語言也各不相同。例如：豎起大拇指的手勢，在一些國家表示讚揚，在日本表示「老爺子」，在希臘表示讓對方「滾蛋」，而在英國等地則常常有一種侮辱人的意味。又如，有些人用雙手攤開的動作表示「我就是這麼倔強，你還是不要再浪費口舌了」，而另外一些人則用這個動作表示「真拿你沒辦法，我服了你，就按你說的意思辦吧」。

妙語點睛

一個細微的表情、眼神、手勢和體態，都透露著人的情感、修養和心思。我們在與人溝通時，要學會借助肢體語言來表達我們的真實想法。

微笑，最美的語言

　　有一位單身女子奧麗芙剛剛搬了新家，她發現隔壁住著一個寡婦和兩個小孩，無疑是一戶窮人家。一天晚上，奧麗芙居住的那一帶忽然停電了，她正準備點蠟燭。這時，隔壁鄰居的小孩子來敲門，他緊張地問：

第9章　豐富細膩，肢語無聲勝有聲

「阿姨，請問您家有蠟燭嗎？」奧麗芙心想：「難道他們家窮到連蠟燭都沒有嗎？千萬不能借給他們，免得被他們賴上！」於是她冷漠地對孩子說：「沒有！」

正當奧麗芙準備關上門時，那小孩露出關愛的笑容說：「我猜想妳家沒有！」說完，竟從懷裡拿出兩根蠟燭，說：「我媽媽怕妳一個人住又沒有蠟燭，所以讓我帶兩根來送妳。」奧麗芙頓時心裡充滿了自責，同時被小孩子的笑容感動得熱淚盈眶，將小孩緊緊地擁在懷裡。奧麗芙深深地體會到了笑容的力量。

世界上最貴重的禮物是什麼？是微笑。

世界上最美麗的東西是什麼？是微笑。

世界上最動人的表情是什麼？是微笑。

從心理學角度來講，微笑是屬於非語言溝通的交流方式。人類具有豐富多彩的心理活動，這些內在的心理過程可以經由人的身體動作、臉部表情、空間利用、聲音暗示、接觸行為、穿著打扮等方式表露出來，從而使自己為他人所覺察和了解。但微笑在人與人的溝通中卻具有其他溝通方式所不可替代的作用。正如心理學家博納羅‧奧佛斯特里特指出的：「我們朝人家微笑，人家也會以微笑作為回報。一方面他是在向我們微笑，另一方面從較深的意義上來說，他回報微笑是我們在他內心激起的幸福快樂情感的流露，我們的微笑使他感到了自己的價值，也就是說，我們重視他、尊重他。」

微笑是令彼此愉快的臉部表情，是直通人心的世界語，是人際交往的潤滑劑；是燦爛生活的添加劑。微笑是人的天性，它比電便宜，卻比燈更加燦爛，不僅照亮自我，更能溫暖他人。微笑是最奇妙的禮物，得到它的人會因此更加富足，給予它的人卻不會因此變得貧窮。微笑有著無窮的魅

228

力，雖然只是短短一瞬，卻能留下永恆的回憶。

對於從事服務業的人來說，微笑是一項投資最少、回報最大的資產。微笑可以縮短人與人之間的距離，化解令人尷尬的僵局，溝通彼此的心靈，使人產生安全感、親切感以及愉快感。你的微笑可能會化解客人的些許苦悶，驅散客人的一身疲憊；可能會使客人感覺到你的誠心，原諒你的無意之失；可能會給客人帶來愉悅，使他有個好心情。因此，每一位服務人員都要樹立微笑意識，將微笑貫穿於接待服務的始終。此外，也一定要牢記，只有真誠、友善、親切、大方、自然的微笑，才會給客人一種愉快、舒適、幸福的感受。

世界各個著名的飯店管理集團都有一條共同的經驗，那就是微笑的力量──一切服務程序的靈魂與指導。美國著名的麥當勞速食店老闆也認為：「笑容是最有價值的商品之一。我們的餐廳不僅提供高品質的食品飲料和高水準的優質服務，還免費提供微笑。」眾所周知，希爾頓（Conrad Hilton）是美國旅館業的巨頭，他的「旅店王國」如今已發展到全世界，資產達數十億美元。希爾頓一貫堅持的經營哲學是「一流設施，一流微笑」。同時，他也十分重視培養員工的微笑服務意識，他的員工都知道那句名言：「你今天對客人微笑了沒有？」

1930 年是美國經濟蕭條最嚴重的一年，全美旅館 80% 都倒閉了，希爾頓的旅館也嚴重虧損，一度負債多達 50 萬美元。然而，希爾頓並沒有灰心，他向每一家希爾頓旅館的員工特別交代和呼籲：「雖然現在是旅館虧空靠借債度日的時期，但我們一定要強渡難關。因此，我請各位記住，希爾頓的宗旨萬萬不能忘，無論遭遇怎樣的困難，希爾頓旅館服務員臉上的微笑永遠屬於顧客。」

經濟蕭條剛過，希爾頓旅館就率先進入了又一個繁榮期，並引進了第

一流的設備。此後，希爾頓到每一家旅館召集全體員工開會時，都會問這樣的問題：「我們的旅館已新添了第一流的設備，你們覺得還必須配合哪些第一流的東西來贏得客人呢？」員工們各抒己見，但希爾頓並不滿意他們的回答，他說：「請你們想一想，如果旅館裡只有第一流的設備而沒有服務員們第一流的微笑，那些旅客會認為我們供應了他們全部最喜歡的東西嗎？如果缺少服務員的美好微笑，就好比花園裡失去了陽光和春風。假如我是旅客，我寧願住進地毯有些殘舊，但處處可以見到微笑的旅館，也不願住進只有一流設備而不見微笑的地方……」

英國詩人雪萊（Percy Shelley）說：「微笑，實在是仁愛的象徵，快樂的源泉，親近別人的媒介。有了笑，人類的感情就得以溝通。」保持微笑的人，走到哪裡都會受到歡迎，誰都喜歡和其打交道。這是因為，當你向別人微笑時，實際上就是以巧妙、含蓄的方式告訴他，你喜歡他，你尊重他，他是一個受歡迎的人。這樣你在給予別人溫暖與鼓勵的同時，也就容易獲得別人的尊重與喜愛。

美國某家百貨公司的經理曾經說過，她寧願僱用一個沒讀完小學但性格開朗的女孩，也不願僱用一個不苟言笑的哲學博士。相由心生，這個道理人人都懂，不要讓自己的心情影響了自己的面容。每天花一點時間，在鏡子面前檢查自己的面容能否給人帶來愉快的感受。即便有時遇到不如意的事，也要迅速地讓自己快樂起來，強迫自己微笑。如果你是單獨一個人，可以強迫自己吹口哨或唱一曲，暗示自己很快樂，那你就容易快樂起來。只要肯去做，任何人都能擁有開朗的笑容。

然而，並不是所有人的微微一笑都能輕易地打動別人，微笑是有講究的。

微笑的時候，先要放鬆臉部肌肉，然後使嘴角微微向上翹起，讓嘴唇

略呈弧形。最後，在不牽動鼻子、不發出笑聲、不露出牙齒，尤其是不露出牙齦的前提下，輕輕一笑。

微笑要發自內心，當一個人心情愉快、興奮或遇到高興的事情時，都會自然地流露出這種笑容。這是一種情緒的調節，是內心情感的自然流露，絕不是故作笑顏、故意奉承。

微笑最重要的是自然，不可以佯裝，千萬不要皮笑肉不笑，更不要勉強，那樣只會讓人彆扭，甚至感到討厭。

微笑也要適度。雖然微笑是人們交往中最具有吸引力、最有價值的臉部表情，但也不能隨心所欲，不加節制。只有笑得得體、適度，才能充分表達友善、真誠等美好的情感。

具有良好素養和心境的人總會在臉上泛起微笑，而讓人微笑永駐的則是一種精神力量。微笑含有情感的成分，它能照亮天空，能振奮精神，能改變周圍的人。用微笑，很容易獲得對方的信任和好感。

真誠地微笑吧，它是你最美的語言！

妙語點睛

假如你要贏得別人的好感，請給人以真誠的微笑吧！今天你微笑了嗎？

表情，內心的氣壓計

人類的祖先為了適應自然環境，達到有效溝通的目的，逐漸形成了豐富的表情，這些表情隨著人類的進化而不斷發展、演變，成為非言語溝通的重要手段。在所有的身體姿態中，人們了解最多的就是臉部表情。因

為，常見的喜怒哀樂、愛恨痴狂，往往會形之於色，令人一望即知。臉部表情最為直觀地展示出了人們的心理狀態及其變化過程。

　　表情，是人內心的情感在臉部、聲音或身體姿態上的表現。當外部客觀事物以物體的、語言的、行為的方式刺激大腦時，人就會產生各種內在反映即情感，這種情感會透過人體相應的表情呈現出來，表現在人的臉部、身體、姿態、聲音上。人們常說，情動之於心、形之於外、傳之於聲就是這個意思。

　　臉部是身體上最易引起注意的部位，是非常複雜的表情管道。若你對對方或當時的情況了解的話，你就能正確地判斷出對方臉部表情所代表的情緒。

　　人的臉部表情是複雜的。人的臉部有數十塊表情肌，可產生極其複雜的變化，生成豐富的表情。比如，可表現肯定與否定、接納與拒絕、積極與消極、強烈與輕微的情感。它可控，易變。據研究，人類的臉部表情可以有 25 萬餘種之多，可見人類表情的豐富。

　　古人說：「人身之有面，猶室之有門，人未入室，先見大門。」比如打電話時雖然看不到打電話的人，但表情卻影響傳過來的聲音，沒有哪一個人能以憤怒的表情說出優美和藹動聽的問候語。可見表情在人與人之間的感情溝通上占有相當重要的地位。

　　俗話說：「人逢喜事精神爽。」如果春風得意，必定是雙眉舒展並面帶笑容；如果內心悲哀，則必定是雙眉緊鎖、臉帶愁雲；如果是怒火中燒，一般來說，會臉紅脖子粗，臉部肌肉抽搐不止，雙眉豎立、做咬牙切齒狀；如果是有愧於心，也許會臉熱心跳、呼吸急促、兩耳發熱，臉上多半會出汗，這就是古人為什麼用「汗顏」來形容羞愧的道理；如果是恐懼，通常會臉色蒼白、皮膚溫度下降、呼吸不暢、嘴唇顫抖等，不一而足。

　　臉部表情同樣有助於人與人之間的溝通。雖然一些人在與別人交談的時候，竭力控制自己的感情，掩飾自己的表情，盡量做到面無表情，但還是多多少少會將感情寫在臉上的。這些不自覺的臉部表情對言語資訊來說起到了一種補充作用，甚至可能完全替代語言資訊。人們透過表情來表達自己的情感、態度，也經由表情理解和判斷他人的情感和態度，有效的人際溝通離不開表情。

　　俗話說：「善人有善相，惡人有惡相。」一個人心地善良寬厚還是邪惡狡詐，熱情隨和還是冷漠高傲，是樂於交際還是孤獨不合群，甚至一個人是從事何種職業，很多時候，是可以從臉部表情可以分辨出來的。

　　健康的表情留給人們的印象是深刻的，它是優雅風度的重要組成部分，尤其是目光和微笑，它們往往能夠展示你的全部。

　　一個善於透過目光和笑容表達美好感情的人，可以使自己富有想像力，也會給人更多的美感。人際交往中多一些敬重，多一些包容和理解，表情就可以更美，交際形象就會更好和更有風度。樂觀的表情會為你帶來更多的朋友。

　　眼睛是人體傳遞資訊最有效的器官，它能表達出人們最細微的、最精妙的內心情感，從一個人的眼睛中，往往能看到他的整個內心世界。一個人心態的變化，可以透過瞳孔的放大與縮小來表示，情緒積極興奮時，瞳孔會擴張；消極低沉時，瞳孔會收縮。我們在與人交際談話時，注視對方的眼睛，觀察對方的瞳孔，將自己的心情袒露給對方，也獲知對方真正的情感，達到心靈的交流。一個良好的交際形象，目光是坦然、親切、和藹、有神的。特別是在與人交談時，目光應該注視對方，不應該躲閃或遊移不定。在整個談話過程中，目光與對方接觸累計應達到全部交談過程的50%～70%。

第 9 章　豐富細膩，肢語無聲勝有聲

笑有很多種，輕笑、微笑、狂笑、奸笑、羞怯的笑、爽朗的笑、開懷大笑、尷尬的笑、嘲笑、苦笑等，其中微笑是最美的。幾乎沒有人不會微笑，但有相當多的人不善於利用微笑。微笑是社交場合中最富吸引力、最令人愉悅、也最有價值的臉部表情。它可以與語言和動作相互配合起互補作用，它不但表現著人際交往中友善、真誠、謙恭等最美好的感情因素，而且反映出交往人的自信、涵養與和睦的人際關係及健康的心理。不僅能傳遞和表達友好、和善，而且還能表達歉意、諒解。因此微笑在社交、生活、工作中都有非常深刻的內涵。

微笑著接受批評，顯示你承認錯誤但不誠惶誠恐；微笑著接受榮譽，表示你充滿喜悅但不驕傲自滿；遇見長官、老師，露出一個微笑，表達了你的尊敬；微笑著面對困難，用笑臉迎接一個悲慘的厄運，用百倍的勇氣來應付一切不幸，代表你經得住考驗和磨練，你有戰勝困難的勇氣和信心。其實，溫和、含蓄的微笑不僅是應付社會的手段，而且深寓著一個人的人生觀和價值觀。

在臉部表情上，對於嘴的作用不可輕視。人們大都懂得眼睛很會說話，而對於嘴的作用則不太注重。美國的一位心理學家為了研究比較眼和嘴在表情達意上的作用，他將許多表現某種情緒的照片橫切之後再綜合複製，比如把表現痛苦的眼睛和一張表現歡樂的嘴配合在一起。實驗結果表明，觀看照片者受嘴的表情的影響遠甚於受眼的影響，也就是說，嘴比眼能表現出更多的情緒。問題倒不在於嘴與眼相比，誰的表現力更強，而在於我們的嘴不出聲就會「說話」，讓我們看看嘴唇都有哪些「表情」：

嘴唇閉攏，表示和諧寧靜、端莊自然；嘴唇半開，表示疑問、奇怪、有點驚訝，如果全開就表示驚駭；嘴唇向上翹，表示善意、禮貌、喜悅；嘴唇向下，表示痛苦悲傷、無可奈何；嘴唇撅著，表示生氣、不滿意；嘴

唇繃緊，表示憤怒、對抗或決心已定。

可見，臉部表情能夠傳達多麼複雜而微妙的資訊，讓你洞悉對方的心理。與人交往時，臉部表情宜生動，並要配合說話的內容，而笑容亦是臉部表情所需的一環，一個友善的笑容，表示願意敞開心扉與人交往。別人接收到這個友善的資訊後，也較願意接近你並與你交往。

妙語點睛

> 透過一個人的臉部表情可以看穿一個人的心理，看出他是什麼樣的人。因此，你在與入溝通的過程中，別讓表情背叛了你的內心。

眼神，情感的窗口

當年，希爾頓酒店創始人希爾頓聽說一家銀行要轉手，就趕忙東挪西借如數湊足了錢，付款時不料銀行老闆卻變了卦。隨後，他沮喪地走進了一家名叫莫布利旅館的大門，發現旅館已經客滿。這種情形與他當初幫父親開小旅館時的冷清相比簡直是天壤之別，他好奇地與站在櫃檯後面的旅館老闆聊了起來：「這樣貴的價格，房客不會有意見嗎？」

「有意見？」旅館老闆理直氣壯地說，「誰嫌貴可以不住，沒有人強迫他。」

旅館老闆的態度使希爾頓大吃一驚。心想：這傢伙用這種態度對待客人，生意還這麼好，如果服務再周到一些，生意肯定會更好。於是，他隨口說：「那你乾脆把它賣掉不就得啦，何必自己在這裡生閒氣呢，省得也惹客人不愉快。」

第9章 豐富細膩，肢語無聲勝有聲

「我早就想把這個破店賣掉了，可是沒有人肯接手，有什麼辦法呢。」旅館老闆兩手撐著櫃檯，兩眼盯著希爾頓說，「你想想看，在地上隨便一戳，就能冒出石油來，誰還有心思來照看這個爛攤子？」

希爾頓仔細打量著對方，不相信地問：「那你是真的想賣掉這個旅館嗎？」

旅館老闆回答：「要是有人肯買，我馬上就辦交接。」

希爾頓從旅館老闆的眼神和話語裡覺察出了對方急於出手的心理。他突然間意識到，接手這家旅館也是不錯的生意，隨即與對方開始討價還價。

「如果你誠心買，乾脆給你最低價：四萬。」老闆隨口而出。

「能不能再少一點？」希爾頓說。

「不行，如果是半個月以前，少於四萬五千美元我是絕對不賣的。這幾天，我是真有些厭煩了，恨不得馬上就帶著人挖石油去，所以才減少了五千美元，再少就不像話啦！」

「三萬七，馬上付現款，怎麼樣？」希爾頓漲紅著臉說，心裡有點緊張。

旅館老闆皺起眉頭上下打量著他，不知是怪他不乾脆，還是怕他拿不出這麼多錢來。沒等對方開口，希爾頓又接著說：「我身上只有三萬七千美元的現款。假如非四萬美元不可，另外三千美元我過兩天再給你，這樣成嗎？」

「成！」旅館老闆答得很乾脆。於是雙方成交。就這樣，希爾頓擁有了這個旅館，為他未來的飯店王國鋪下了第一塊基石。

看一個男人的品味，就看他的襪子；看一個女人的身分，就看她的手指；看一個人的心術，就看他的眼神。眼神會洩露一個人的內心祕密，與

236

人溝通首先要了解眼神背後的心理。

人常說，眼睛是心靈的窗戶，是人類心靈溝通的重要工具，經由眼神可達到交換彼此意見的目的。轉瞬即逝的眼神可以包含豐富的資訊，足以表達一個人的內心意向。無論一個人心裡正在想什麼，眼神裡都會忠實地反映出來，正如哲人愛默生所說的：「人的眼睛和舌頭所說的話一樣多，不需要字典，卻能從眼睛的語言中了解整個世界。」所以，眼睛也是觀察一個人內心世界的重要途徑，透過觀察眼睛可以探測到對方的內心世界。

孟子認為，觀察人的眼睛，可以知道人的善惡。人的心靈是善是惡，都可以從無法掩蓋的眼神裡顯示出來。現代心理學研究發現，眼神可真實地反映一個人複雜多變的心理活動。例如，一個人感到愉悅、喜愛、興奮的時候，眼神就會明亮發光；而當人感到生氣、沮喪的時候，眼神就無精打采。

因此，在和別人說話的過程中，一定要運用好自己的眼神。要想使對方知道自己在認真傾聽對方的講話，你的眼神與對方的眼神一定要保持好連繫。對方講話時，你最好與他的眼神不斷地會合，不要東張西望。與人交談時隨便看其他地方，說話人一定會感到不高興。

理解了對方的意思時，要表現出領會的眼神；渴望得到對方的講解時，要表現出誠懇的眼神；對方說到幽默處，要表現出喜悅的眼神；對方出現悲傷時，要表現出同情的眼神等。耳朵與大腦是語言的接收器，眼睛則是接收後的反應器。聽到別人的資訊也置若罔聞、呆若木雞，談話的雙方就無法溝通下去，應該及時接受、及時回饋，從而吸引說話人的注意力。

運用眼神，可以使溝通更為有效。例如，老師如果能夠巧妙地運用眼神表達自己的感受，有時會收到意想不到的良好效果。上課時，如果某個

孩子亂講話或隨便做小動作，干擾其他孩子聽講，老師可以輕輕地走到他身邊，拍拍他的肩膀或者摸摸他的頭，給他一個制止的眼神，孩子們會立刻意識到自己的錯誤，並及時改正。這樣做，比當著全班的面，對他們進行強行制止效果要好得多，使孩子更容易接受，也不傷害他們的自尊心。

用眼神和別人溝通，不僅表明你很自信，同時也表示你對別人很尊敬。當你發表演說時，眼睛要注視著聽眾，語氣裡要帶有更多的強調成分，加入更多的感情色彩。如果這時你的眼睛看著別處或盯著地板，那就表示你對自己所說的話並不確信，或者你說的可能根本就不是事實。例如，當銷售人員的眼睛炯炯有神地向客戶介紹產品時，眼神中透射出的熱情、真誠和執著往往比口頭說明更能讓客戶信服。充滿熱情的眼神，還可以增加客戶對產品的信心以及對這場推銷活動的好感。

眼睛盯著人看，這對有些人來說可能有點困難。但是，如果你正在努力贏得人們的好感，並且想表示你所說的話很認真，這就顯得很重要了。例如，當你走進老闆的辦公室要求他升你的職時，如果你的眼睛緊盯著他，而不是低著頭，那麼他會更認真地考慮你的請求。當你在單位陳述你的一份商業計畫時，如果你用自信的眼神看著周圍的人，那麼大家就會更加信任你並認可你的計畫。

妙語點睛

無論我們和誰用什麼方式交流，也不管表達的內容是什麼，我們肯定會對那些用眼神和我們溝通的人給予更多的關注和回應。

距離，表現關係的疏密

一位心理學家做過這樣一個實驗：在一個剛剛開門的大閱覽室裡，當裡面只有一位讀者時，心理學家就進去拿椅子坐在他（她）的旁邊。試驗進行了整整80人次。結果證明，在一個只有兩位讀者的空曠的閱覽室裡，沒有一個受試者能夠忍受一個陌生人緊挨著自己坐下。

在非語言溝通中，空間距離可以顯示人們之間的不同關係。對於不同國家的人而言，空間距離有著不同的意義。有趣的是你往地球越北端行進，你會發現人與人之間的空間距離越大。而越往南走，人與人之間越親近則越舒適。一個英國人與人交談時則希望保持一定的距離；阿拉伯人在與人交談時你幾乎可以感覺到他的鼻息；而日本人在大笑時總是要摀住嘴以免氣息觸及對方。

人際交往中，當你無意侵犯或突破另一個人的空間範圍圈時，對方就會感到厭煩、不安，甚至引起惱怒。一般來說，交往雙方的人際關係以及所處情境決定著相互間自我空間的範圍。

美國空間關係學之父、人類學家愛德華·霍爾將人們交流時，下意識和別人保持的空間位置劃分為四個區域：親密距離、個人距離、社會距離和公共距離。這四種距離又都有遠近之分。

▌ 親密距離

親密距離的近距離是指肌膚能夠接觸的距離，而遠距離則是指兩個人身體保持 15～50 公分的距離。這種親密的距離多出現在情侶、要好的朋友之間，或者是孩子抱住父母及其他人時。如果某些情況使得一些不太熟悉和不太親密的人不得已要保持在這種距離中而沒有任何能保護他們的非言語的屏障，那麼他們會覺得很尷尬，同時感到自己受到了威脅。想想在

擁擠的汽車或電梯中，我們是如何避免眼神接觸和交流或者是選擇轉身離開的。當不可避免地碰到彼此時，又變得如何緊張不安。即便相互之間有眼神的交流，這種交流也是短暫的，並且通常會很有禮貌、毫無冒犯意思地笑一笑。

▎個人距離

個人距離中的近距離為 45 ～ 75 公分，這是在聚會中交談的最佳距離，正好能相互握手，親切交談，你會很容易接觸到同伴。而遠距離則是 75 ～ 120 公分的距離，這個距離能讓你私下地討論一些問題而避免接觸到彼此。你和朋友會自覺地保持一臂的距離。

▎社會距離

它的近距離為 120 ～ 210 公分，這通常是你跟客戶或者服務人員進行交流時保持的距離。這種距離經常用以顯示某人的主導地位。一位站著的主管會和坐著的員工們保持這種距離，來顯示他更高的地位。社會距離的遠距離為 210 ～ 370 公分，這種距離會被頻繁地用於正式的商務談判或社交場合中。公司的老闆常常會坐在桌子後面和員工們保持這種距離，甚至從他所坐的能夠注視到每位員工的位置來看，都可以體現出他更高的地位和身分。在一個開放式的辦公室，以這種距離來進行位置的布局也是非常有用的，它可以讓員工們不會因為無法同旁邊的同事交流而感到自己被忽視，從而更好地工作。

在社交距離範圍內，已經沒有直接的身體接觸，說話時，也要適當提高音量，需要更充分的目光接觸。如果談話者得不到對方目光的支持，他會有強烈被忽視、被拒絕的感受。這時，相互間的目光接觸已是交談中不可缺少的感情交流形式了。

▍公共距離

近距離是 370 ～ 760 公分，這種距離通常會用於相對不是很正式的集會中。比如，教室中老師和學生之間的距離，或者老闆跟一群員工講話時的距離。遠距離為 760 公分或者更遠的距離，通常是政治家、知名人士和其他人保持的距離。

對於這幾個區域範圍大小的界定，即使相同文化背景的人也會有一些個體的差異。當不同的人進入不相對應的區域時，也會讓人覺得不舒服。霍爾的四區域模型只能作為一般性的指標和參考。

妙語點睛

> 懂得距離和親密關係的連繫，你就知道如何與人溝通保持合適的距離了。

手勢，無聲的語言

手勢是人與人交往時不可缺少的動作，是最有表現力的一種「體態語言」。俗話說：「心有所思，手有所指。」手的重要性並不亞於眼睛，甚至可以說手就是人的第二雙眼睛。

手勢是無聲語言，人們借助手勢傳達各種資訊，表達各種感情。手勢表現的含義非常豐富，表達的感情也非常微妙複雜，如招手致意、揮手告別、拍手稱讚、拱手致謝、舉手贊同、擺手拒絕等。手勢的含義，或是發出資訊，或是表示喜惡、表達感情。能夠恰當地運用手勢表情達意，會為你的交際形象增光添彩。

手勢的動用場合很多，在日常的實際運用中，手勢包括握手、拱手、招手、揮手、擺手、搖手等動作。這些姿態都要做到有感而發，準確、自然、優雅而不生硬，一定要從實際出發，使動作恰當而簡明地說明問題，表達感情。

那麼，正確的手勢又是如何呢？常見的手勢有以下四種：

- **情意手勢**：主要用來表達談話者的情感。如在演講中說道「我們一定要扭虧為盈！」配合有聲語言，他的右手由右上方向左下方劈下，並在句尾的「盈」字順勢握成拳頭，顯得有力而果斷，給人以信心和力量。

- **指示手勢**：用於指明要說的人、事、物、方向等。「作為一個國家，振興只有一個選擇，就是必須走建設具有國家特色的道路。」配合有聲語言，右手上舉於頭側握拳伸出食指，引起聽者對這一神聖選擇的關注。

- **象形手勢**：用來描摹、比劃具體事物或人的形貌。「什麼是愛」和「愛不是得到而是奉獻！」配合有聲語言，雙臂在胸前平伸，臂微彎，手心朝上，模擬獻物狀，會加深對方對愛的理解。

- **象徵手勢**：象徵手勢常用來表達抽象概念。「對學生而言，我們去的地方是國家建設最需要的！」配合有聲語言，右手向前方伸出，象徵最需要的地方。

手勢可以根據手的動作範圍分為三個區域：上區為肩部以上，在演講、辯論中應用較多，表現雄心勃勃、積極、有動力、自信等；中區為肩部至腰部，多用於一般性的敘述事物和說明事理，表現坦誠、平靜、和氣等中性意義，這是最常用的領域。下區為腰部以下，多表示憎惡、不悅、不屑、不齒、排斥、否定、壓抑等。

　　手勢的巧妙運用會有助於你塑造良好的形象、優雅的氣質，並適當地展示你的形象；不良的手勢，則會嚴重影響形象，會讓溝通受到阻礙。使用手勢應該注意以下幾點：

◆ 在交往中，手勢不宜過多，動作不宜過大，給人以優雅、含蓄和彬彬有禮之感，切忌指手畫腳和手舞足蹈。

◆ 打招呼、致意、告別、歡呼、鼓掌均屬於手勢範圍，應該注意其力量的大小、速度的快慢、時間的長短，不可過度。鼓掌是表示歡迎、祝賀、讚許、致謝等禮貌舉止。在正式社交場合，觀看文藝演出、重要人物出現、聽報告、聽演講等都用熱烈的鼓掌表示欽佩、祝賀。鼓掌的標準動作應該是用右手掌輕拍左手掌的掌心，鼓掌時不應戴手套，宜自然，切忌為掌聲大而使勁拍手，應自然終止。鼓掌要熱烈，但不要「忘形」，一旦忘形，鼓掌的意義就發生了質的變化而成為「喝倒彩」，有起哄之嫌，這樣很是失禮的。注意鼓掌盡量不要用語言配合，那是缺乏修養的表現。

◆ 在任何情況下，都不要用大拇指指自己的鼻尖和用手指指點他人。談到自己時應用手掌輕按自己的左胸，那樣會顯得端莊、大方、可信。用手指指點他人的手勢是不禮貌的。

◆ 一般認為，掌心向上的手勢有誠懇、尊重他人的含義；掌心向下的手勢意味著不夠坦率、缺乏誠意等。握緊拳頭暗示進攻和自衛，也表示憤怒，伸出手指來指點，是要引起他人的注意，含有教訓人的意味。因此，在介紹某人、為某人引路指示方向、請人做某事時，應該掌心向上，以肘關節為軸，上身稍向前傾，以示尊敬。這種手勢被認為是誠懇、恭敬、有禮貌的。

◆ 有些手勢在使用時，應注意區域和各國的不同習慣，不可以亂用。因

　　為各地習俗迥異，相同的手勢表達的意思不僅有所不同，而且有的大相逕庭。如在某些國家認為豎起大拇指、其餘四指內曲表示稱讚誇獎，但澳大利亞則認為豎起大拇指、尤其是橫向伸出大拇指是一種污辱。英國人蹺起大拇指是攔車要求搭車的意思。用大拇指和食指構成一個圓圈，其他三指伸直，就是「OK」的手勢，這一手勢在歐洲表示讚揚和允諾的意思，特別在年輕學生中廣為流行。然而在法國南部、希臘、薩丁尼亞島等地，它的意思恰好相反。在巴西，人們打「OK」這個手勢表示的是「肛門」。阿拉伯人用兩個小拇指拉在一起表示斷交，吉卜賽人揮去肩上的塵土表示「你快滾開」。

　　由此不難看出，每種文化都有自己的「手勢語言」。千姿百態的手勢語言，飽含著人類無比豐富的情感。它在人際交往中有時能起到有聲語言無法替代的作用。

　　日常生活中某些不雅的行為舉止會令人極為反感，嚴重影響交際風度和自我形象，應該注意避免。如當眾搔頭皮、掏耳朵、摳鼻孔、剔牙、咬指甲、搓泥垢等，餐桌上更應注意。參加交際活動前不要吃蔥、蒜、韭菜等異味食品，如果已經吃過這類食品應該漱口，含茶葉、口香糖以除異味。咳嗽、打噴嚏時，請用手帕或面紙捂住嘴並轉向一側，避免發出大聲。口中有痰請吐在面紙中，手中的廢物請扔進垃圾箱，特別是拜訪別人時，這些簡單的禮儀要求都是必須遵守的，否則你將是一位不受歡迎的人。

　　手勢不能配合個性或者說話的內容，反倒會歪曲所傳達的資訊，做一個成功的手勢時，整個肢體都在進行，配合這樣持續完整的動作，自信完滿的手勢語，表示對身處的狀況覺得泰然自若，肯定的手勢可以增強自信，卻不是為說話的內容添油加醋，手勢是無法預先計謀的，必須由感覺來產生，同時為了要好好發揮手勢語，手勢必須真正發自內心。

妙語點睛

手勢的巧妙運用會有助於塑造你良好的形象、優雅的氣質，並適當地展示你的形象，不良的手勢，則會嚴重影響形象，會讓溝通資訊受到阻礙。

第 9 章　豐富細膩，肢語無聲勝有聲

第 10 章
注重細節，輕鬆贏得好人脈

　　人脈，就是人際關係，有的人能與人打成一片，人脈很廣；有的人卻孤孤單單，人脈稀少。這就是溝通所帶來的差距。其實，在人際溝通中，影響溝通成敗的往往不是什麼大錯，而是平時自己不太注意的言行細節。

　　「千里之堤，潰於蟻穴。」一些細節看起來不起眼，如一句樸實的話語、一個專注的眼神、一個無意的動作、一次輕微的點頭、一次小小的讓步，卻可能對溝通產生重大的影響，從而讓對方接納你。從細節做起，你的溝通成效會立刻得到提升，從而輕鬆贏得好人脈。

記住他人的名字

　　張伯倫負責將汽車公司為羅斯福製造的汽車送進白宮。張伯倫到白宮的時候，總統顯得特別愉快，他直呼出張伯倫的名字，這讓張伯倫感到十分欣慰。當羅斯福的朋友們和白宮的官員們讚美這部車子時，羅斯福又真誠地稱讚了張伯倫，對他的付出表示了衷心的感謝。總統聽張伯倫說完駕駛方面的事情後才去會見客人。

　　後來，張伯倫帶了一位技工去白宮，並把他介紹給羅斯福總統。技工並沒有與總統談話，羅斯福總統只聽到過一次他的名字。技工是個怕羞的人，躲在後面，但當他們要離去時，總統找到這位技工，跟他握手，叫出他的名字，並感謝他來華盛頓。總統對這個技工的致謝，並非出於表面，而是出於真誠。

　　張伯倫回到紐約之後，收到了一張羅斯福總統的簽名照片及謝辭，再度感謝他的幫忙。張伯倫十分驚訝：「他怎麼有時間做這件事？」

　　現代社會，人們的交往頻繁而短暫，我們每天都會和很多陌生人打交道。而如果想要獲取別人對你的好感，卡內基說：「一種既簡單又最重要的獲取他人好感的方法，就是牢記別人的姓名。」的確如此，對於任何一

個人來說，別人能記住他的名字，是對自己的關注，更是在無意間拉近了雙方的距離。這就是一種感情投資，甚至會帶來意想不到的效果。

人們都渴望獲得他人的尊重，而記住別人的名字，則會讓人有受重的感覺。叫出對方的名字就等於跟對方說「我很重視你」、「我很欣賞你」等，這樣會讓對方也對你產生好感。記住對方的名字，並且能很輕易就叫出來，等於給予別人一個巧妙而有效的讚美。若是把人家的名字忘掉或搞錯了，就會無形中劃出一段距離。

有時候要記住一個人的名字真是不容易，尤其當它不太好念時，一般人都不願意去記它，心想：算了！就叫他小名好了，而且容易記。錫德‧李維拜訪了一個名字非常難念的顧客。他叫尼古德瑪斯‧帕帕都拉斯。別人都只叫他「尼克」。李維說：「在我拜訪他之前，我特別用心地念了幾遍他的名字。當我對他說：『早安，尼古德瑪斯‧帕帕都拉斯先生』時，他簡直呆住了。過了幾分鐘，他都沒有答話。最後，眼淚滾下他的雙頰，他說：『李維先生，我在這個國家十五年了，從沒有一個人會試著用我真正的名字來稱呼我。』」

姓名是個人的符號，它蘊含著人類的自尊、個性與自由。人們在隨手寫字的時候，總是信筆寫下自己的名字，就證明了這一點。尊重一個人莫過於尊重他的名字。

卡內基是有名的鋼鐵大王，但他對鋼鐵製造知之甚少，卻大發其財，正是得益於他巧妙地對「名字」加以運用。例如，他希望把鋼鐵軌道賣給賓夕法尼亞鐵路公司，而愛德加‧湯姆森（Edgar Thomson）正擔任該公司的董事長。因此，安德魯‧卡內基在匹茲堡建立了一座巨大的鋼鐵工廠，取名為「愛德加‧湯姆森鋼鐵工廠」，這樣使他成功了。

這個方法太靈驗了！卡內基一輩子也忘不了。

第 10 章　注重細節，輕鬆贏得好人脈

多數人不會特意去記別人的名字，只因為不肯花必要的時間和精力去專心地、重複地、無聲地把這些名字耕植在自己的心中。他們為自己找出的藉口是：我太忙了。

但他們可能不會比富蘭克林‧羅斯福更忙，而他都能花時間去記憶，而又說得出每個人的名字，即使是他只見過一次的汽車機械師。

一名政治家所要學習的第一課是：「記住選民的名字就是政治才能，記不住就是心不在焉。」

記住他人的姓名，在商業界和社交上的重要性，幾乎跟在政治上一樣。

法國皇帝，也是拿破崙的姪子 —— 拿破崙三世得意地說，即使他日理萬機，仍然能夠記得每一個他所認識的人。

他的技巧非常簡單。如果他沒有清楚地聽到對方的名字，就說：「抱歉，我沒有聽清楚。」如果碰到一個不尋常的名字，他就說：「怎麼寫呢？」

在談話的時候，他會把那個名字重複說上幾次，試著在心中把它跟那個人的特徵、表情和容貌連繫在一起。如果這人對他是重要的，拿破崙就更費事了。在他獨自一人時，他會把這人的姓名寫在紙上，仔細地看和記。

能夠牢記結識的所有人物的姓名，是一項重要的人際交往能力。即使是只有一面之緣，如果你隨時隨地能夠準確地叫出他的姓名，是對他最大的恭維和讚賞。

名字能使人出眾，它能使人在許多人中顯得獨特。只要我們從名字著手，把它當成一項感情投資，把它變成一種習慣，你就會在人際關係中占據有利的地位。

妙語點睛

名字簡單但蘊含著很深的學問，你記住別人名字的同時，別人也會記住你。

給別人最恰當的稱呼

與人溝通，稱呼必不可少。怎麼稱呼別人，不僅是一個基本的禮貌問題，也是一個交際中的禮儀問題，同時也反映出說話人與被稱呼者之間的關係。

從人的心理角度來說，人都有自尊心，許多人還有愛面子的情結，很在意別人怎麼稱呼他。如果你稱呼得恰當，對方就會很受用，就會產生深交的願望；如果你稱呼不當，對方就不會舒服，在與你的交往中就可能敷衍應付。

所以，在交往中，稱呼別人不是為了滿足自己，而是為了滿足對方。恰當稱呼對方，才是重視對方。

稱呼大致分為三類，包括親屬之間的稱呼、熟人之間的稱呼、對陌生人的稱呼。

◆ **親屬之間的稱呼**：親屬之間，應該按我們傳統倫理上的習慣為準。面對長輩應以親屬稱謂相稱，如奶奶、媽媽、姑姑等。一定不要直呼長輩的姓名，包括身分、職業，這都是不禮貌的。面對平輩，可相互用親屬稱謂或加排行序列稱謂相稱，如哥哥、妹妹、二姐等。夫妻之間可以姓名相稱，倆人在一起時，可用暱稱，但不宜在公共場合用。年長的平輩可直接稱呼年少者的名字，若年少者已成年，則用親屬稱謂

較為禮貌。對晚輩，可稱呼其親屬稱謂，也可直呼其名，這樣顯得親切。

◆ **熟人之間的稱呼**：對關係較密切的熟人，可以採用親屬稱謂相呼。根據對方的性別、年齡、身分等來確定相應的稱呼，還可以「姓加親屬稱謂」、「名加親屬稱謂」、「姓名加親屬稱謂」稱呼，如「王奶奶」、「青姐」等。

在一些正式場合，可以稱呼熟人的職務、職業，也可以「姓加職務或職業稱謂」、「名加職務、職業稱謂」、「姓名加職務、職業稱謂」相稱。如「趙廠長」、「林校長」等。

年紀較大、職務較高的人對下面的年輕人可以直接稱呼姓名，顯得更親切。反過來就不宜這樣稱呼，如果對年紀較大、職務較高的人直呼姓名，則顯得不禮貌，讓被稱呼者感到尷尬。

不稱姓而直呼其名，是最親切、最隨便的一種稱呼。但這只限於長者對年輕人、上級對下級或關係親密的人之間，沒有這種特殊關係而直呼人家的名字就不禮貌，甚至還會令人反感。

朋友、同學、同事之間，因為相處時間長了，稱呼可以隨便一些，可在姓氏前加「老」、「小」、「大」等，如「老彭」、「小陳」等。

◆ **對陌生人的稱呼**：對陌生人的稱謂，可以採用一般的通稱，也可以按照親屬之間的稱呼。

用通稱的時候，可根據人的具體年齡、性別、職業等情況稱「朋友」、「先生」、「小姐」對。對男子一般可以稱「先生」，未婚女子稱「小姐」，已婚女子稱「夫人」，若已婚女子年齡不是太大，叫「小姐」也可以，而稱未婚女子為「夫人」就不合適了。所以，寧可把「太太」、「夫人」稱作「小姐」，也絕不要冒失地稱對方為「夫

人」、「太太」。一般來說，成年的女子都可稱為「女士」。

如果你想讓彼此的關係顯得親近一些，可以採用親屬稱謂相呼。可根據對方的性別、年齡等情況，以父輩、祖輩、平輩的親屬稱謂相稱，如「大伯」、「阿姨」、「姐姐」等。

以上是一般情況下對別人的稱呼，但是具體在實際中，又要考慮很多因素。在不同的場合，對不同的人，一定要具體分析。在稱呼別人的時候，要考慮到下面幾種情況：

第一，要注意民族、地域的差異。

各個不同的國家、民族對人的稱呼都有各自一些獨特的習慣。在日本，「先生」是對從事教育或專業領域人士的尊稱，不分性別，比如「由美子先生」。中文的稱呼相對於其他民族語言中的稱呼語要複雜得多，不僅要看人的性別、輩分、年齡，還要區分敬稱和謙稱。而有的民族語言就沒這麼講究，如英語中的「Aunt」翻譯成中文可以是「阿姨、姑姑、伯母、嬸嬸」等。各個民族有不同的稱呼習慣，在實際運用中，要遵從各民族的習慣，這也體現了對別人的尊重和禮儀，否則就會讓別人產生不快，甚至鬧出笑話。

在稱呼別人的時候，還要注意地域之間的差異。不同的地域、不同的生活習慣，形成了各種方言，所以還要注意方言間稱呼的異同。

第二，要注意口語和書面語的區別。

口語相對於書面語言而言，顯得通俗、隨便，更為親切，而書面語則顯得正式和莊重。在中文，同一個對象，可以有口語和書面語兩種不同的稱呼，如在口語中稱呼爸爸，而用書面語則為父親。在口語中，如果面對稱呼對象時，運用書面語中的稱呼語就顯得生硬、不自然、不親切。但是，在口語中，書面語中的稱呼語可以作為他稱用語出現，如「我的祖

父」、「你的母親」等，要視具體語境來定。

第三，要注意語言環境和稱呼對象的不同。

在日常生活中，對我們比較熟悉的人，我們對其稱呼就可以隨便一點，甚至可叫別人綽號，夫妻、戀人之間私下裡還可用暱稱，這樣顯得比較親切，還可以增進彼此之間的感情。但在大眾場合，尤其是在會場上這些比較正式的場合，叫別人的小名、綽號，就會顯得不嚴肅、太放肆，應當以「某先生」或「某小姐」相稱。對不太熟悉的人，對長輩、長官和老師，也都不宜用「小名」和「綽號」，否則，就會顯得不尊敬。所以，運用稱呼語時，應特別注意語言環境和稱呼對象，靈活使用。在不同的語境中，對不同的稱呼對象，應運用適當的、符合人身分地位及體現與自己恰當關係的稱呼語。

妙語點睛

> 俗話說，嘴甜的人不吃虧。恰當的稱呼可以為你贏得好形象，為建立人際關係開好頭，加深與別人的感情。切記不要直呼有傷別人自尊的綽號，這是一般人都忌諱的。

你的語氣夠柔和嗎

俗話說得好：「一句話能把人說笑，也能把人說惱。」在溝通中，千萬不要小覷語調和語氣的作用。同樣一句話，用不同的語調、語氣會表達出完全不同的意思。它就像是一個人的表情，能讓對方直接看到你的反應，進而揣測你的真實意思。那些能把人說「笑」的語言，通常是柔和甜美的。從古至今，和氣待人被視為一種美德。使用柔和的語言基調是最值

得提倡的一種交際方式。

莎士比亞說：「要是你想要達到自己的目的地，你必須用溫和一點的態度向人家問路。」柔和的語言基調，是每個人都樂意聽到的，也是每個人必須追求的，尤其是剛步入社會的新鮮人。現在社會競爭壓力大，年輕人也都是滿腔熱血，遇到什麼事有時候不懂忍耐，說話時的腔調也會變得很生硬，這樣很難被人接受，也就削弱了溝通的有效性。反之，語調柔和、語言含蓄、措辭委婉的說話方式會使對方感到親切和愉悅，使交談更容易進行下去，往往能收到意想不到的效果。這些是年輕人最應該注意的，尤其是做銷售工作的人。因為柔和的語調更易於入耳生效，往往具有以柔克剛的征服效果。

一位家電賣場的店員遇到一位十分挑剔的女顧客。該顧客在幾個刮鬍刀之間選來選去，選了將近一個小時還沒選好。店員因為顧客太多不得不去照顧其他顧客。這位女顧客覺得自己受到冷落，就大聲指責說：「你們這是什麼服務態度，沒看見我先來的嗎？應該先為我服務，我還有急事。」

店員趕快安排好其他顧客後說：「請您原諒，我們店裡生意太忙，對您服務不周到，讓您久等了。」店員誠懇的態度和溫柔的語言，讓那位女顧客的臉一下子紅了，轉而難為情地說：「我的口氣也不好，請你原諒。」

這位女顧客感覺受了冷落，情緒激動；如果店員和她互不相讓，後果一定不容樂觀。其實，有理不在聲高，不是把話說得咄咄逼人才有分量，充滿尊重、包容和理解的話語會產生一種感化力量，引起對方心理的變化，使事態朝著較好的一面發展。多使用謙敬辭、禮貌用語，多用一些褒義詞、中性詞，語氣上盡量委婉，是說話時應遵循的原則。

另外，當你和他人意見不合，又想堅持己見時，萬萬不可對他人譏諷

嘲笑，橫加指責，而應委婉地表達自己的堅定立場，這樣才能避免衝突，並收到良好的效果。

　　1940 年，處於前線的英國已經無錢從美國「現購自運」軍用物資，一些美國人便想放棄援英，他們沒有看到唇亡齒寒的嚴重事態。羅斯福總統在記者招待會上宣傳《租借法》以說服他們，為國會通過此法成功地營造了輿論氛圍。

　　一開始，羅斯福並不是直接指責這些人目光短淺，因為這樣除了會觸犯眾怒收到適得其反的結果外沒有任何作用。這時候的羅斯福語重心長地向大家講解了事情的利害關係。他用通俗易懂的比喻，深入淺出地說明理由，點中要害，人們不得不心悅誠服。這時候的羅斯福更是妙語連珠、以理服人，他說：「如果我鄰居家失火了，在四五百英尺以外，我有一截澆花園的水管，若給鄰居拿去接上水龍頭，就可能幫他把火滅掉，火勢也就不會蔓延到我家。這時，我該怎麼辦呢？我總不能在救火之前這麼跟他說吧：『喂！朋友，這管子是我花 15 美元買來的，你得照價付錢。』而這時，鄰居又剛好沒錢，那該如何是好呢？我應該不要他的 15 美元，而是讓他在滅火之後還我水管。如果火滅了，水管還完好，那他就會連聲道謝，並物歸原主。而如果他因救火弄壞了水管，但答應照賠不誤，現在，我拿回來的是一條仍可用的澆花園的水管，這樣也不吃虧。」

　　羅斯福總統援英的決心非常堅定，但他並沒有直接表達這種強硬的態度，而是用通俗的比喻來表明自己的真實想法，從而達到了較好的說服效果。

　　恰當運用語調和語氣有助於建立起別人對你的信賴感。在與別人溝通時，語氣一定要輕鬆自然，使人產生親切感；而語調的高低則要視情況而定，最好能與對方的語調保持一致。不要用滿不在乎、含糊不清的語氣說

話,這樣會讓別人覺得你不夠真誠;不要用反問、諷刺、鄙視、訓斥的語氣說話,這樣會使人感到厭煩。在講述一些重要的事情時,要加重語調,以給人留下深刻的印象;在想要喚起別人的注意時,可以壓低聲音,這會給對方以神祕感。

每個人微妙的心理變化都可以透過語氣來傳達,所以,在溝通時,我們要端正自己的心態,改掉直率表露的習慣。我們在語調上的高低變化則可以傳達一些重要的資訊,語調高的地方就是我們要說的重點,掌握好說話的語調,可以讓別人更清楚地明白你說的意思,比如,我們在勸導別人時,要以徵詢的口氣徵求對方的意見,委婉含蓄地規勸對方,引領其改正錯誤;在與別人解釋問題時,要盡量用第一人稱來敘述,平靜地表達自己的觀點;在與別人談論事情時,應該多提起對方,少提起自己;談話時語氣應當和緩委婉,不但能給人以輕鬆的感覺,還能使人產生信賴的心理。

當你心情不平靜時,你的語調肯定也會受到影響。從一個人的語調可以看出他是一個什麼樣的人,是一個令人敬佩且幽默的人,還是一個陰險狡猾的人。每個人都具有不同的性格特徵,我們可以從他說話的語調中看出來。

語氣和語調的具體使用方法如下:

◆ 明朗、低沉、愉快的語調最能吸引人。

◆ 發音要清晰,這樣才能讓別人聽懂你的意思,簡單明瞭地表達自己的觀點。

◆ 語速要適當,恰如其分。要依據場面的氛圍來決定自己的語速。感性的場面語速可以適當加快,理性的場面語速應相應放慢。

◆ 語調要適中。語調經常過高會引起別人的反感,太低則表明信心不足,而且難以說服別人。

◆　要配合適當的笑聲，讓別人知道你的情緒。

◆　注意措辭，要盡量高雅，發音要準確，並有抑揚頓挫的美感。

我們平時要多加練習，注意自己的語氣和語調，久而久之，我們也會成為受歡迎的人。

妙語點睛

> 語氣柔和是一種風度，更是一種氣度，柔婉平和的語氣、美妙動聽的聲音會讓無理取鬧者羞愧，會讓通情達理者樂於與你交流。

換個詞語，差別千里

人的思想是很奇怪的，通常人想要的東西都會透過自己努力來實現，除非你不敢想。所以，要經常想正面的東西，負面的話語也應盡可能經由正面的字眼表達出來。

有這樣一個有趣的小實驗：當別人跟你說「不要想像一隻粉紅色的豬跳著舞從你背後經過，不要想像這隻豬有多麼可愛，千萬不要想像，不要想像」。聽到這句話，你的腦海中浮現的是什麼樣的畫面？絕大多數人腦海中肯定就浮現出這隻粉紅色的豬了。

人的大腦是不太能接受否定說法的，在潛意識中，我們往往只聽到了否定後面的內容，並把它當成事實的一部分。所以，盡量使用與情緒、感覺相關聯的正面詞語，它們包括開心、快樂、幸福、成功、優秀、信任等。同時，有一個詞要引起你足夠的注意，那就是「但是」。這個詞的出現，意味著後面要說的話，跟前面已經說過的話，意思不一樣，是一個轉捩點。當你剛剛說完「是的，我贊同你的說法，但是⋯⋯」對方的感覺一

下子就變了。所以，我們要使用一個更加安全、有效的轉折詞「後來」，那樣聽者也易於接受。

語言就像一個人的名片，你完全可以透過言辭來表現你的個性，使自己變得與眾不同。我們頭腦中已經有了成千上萬的詞彙，現在的問題就是，要如何來喚醒這些詞彙，使它們成為我們成功的資本。因為只有懂得有意識地巧妙運用言辭，並避免講那些毫無意義且空洞的話，才不會讓自己變得很被動，而是應付自如地表達出自己想要表達的東西。

正面字眼（相對於負面字眼）不但能讓你清楚地表達，而且能達到目的。類似「同意」、「優勢」和「值得讚美的」等正面字眼，會讓對方容易接受你想傳遞的資訊；負面字眼像「反應過度」、「令人懷疑」和「不同意」，則較不容易被人接受，甚至可能引起他們的抗拒。比如跟孩子溝通的時候，越說「不緊張」，孩子越會緊張；越說「不懷疑」，就越會懷疑。所以，在和孩子溝通的時候盡量少用「不」這個字。

換個詞語，可以改變一個人的心態。對於常用負面詞語的人，可以採用正面詞語練習來幫助他們改善人生。

當然，在與同事和上司的交往過程中，懂得使用適當的言辭，也並非易事。在商業談話中應該儘快切入正題，但在切入正題之後，一些人總是喜歡使用一些冗詞，例如：「我原來只是認為……」、「我們也許可以……」這就使得表達效果大打折扣。

- **不要說「但是」，而要說「如果」**：試想你很贊同別人的想法，你可能會說：「這個想法很好，但是你必須……」本來認可別人的觀點無疑會受到別人的歡迎，「但是」一出，這種認可就會大打折扣了。你完全可以說出一個比較具體的希望來表達你的讚賞和建議，比如說：「我覺得這個建議很好，如果在這裡再稍微改動一下的話，也許會更好……」

- **不要再說「老實說」，而要說「我覺得」**：很多人一起溝通（比如開會、閒聊）的時候會對各種建議進行討論。於是你說：「老實說，我覺得⋯⋯」在別人看來，你好像在特別強調你的誠意。你當然是非常有誠意的，可是幹麻還要特別強調一下呢？所以你最好說：「我覺得，我們應該⋯⋯」

- **不要說「首先」，而要說「已經」**：你要向老闆彙報一項工程的進展情況時，你跟老闆講道：「我必須得首先熟悉一下這項工作。」想想看吧，這樣的話可能會使老闆（包括你自己）覺得，你還有很多事需要做，卻絕不會覺得你已經做完了一些事情。這樣的講話態度會給人一種很悲觀的感覺，而絕不是樂觀。所以建議你最好是這樣說：「是的，我已經對這項工作有所了解了。」

- **不要加「僅僅」**：如果在一次很重要的公關會上你提出了一條建議，你是這樣說的：「這僅僅是我的一個建議。」這樣一來，你的想法、功勞包括你自己的價值都會大大貶值。本來是很利於合作和團體意識的一個主意，如此反而讓與會者感覺到你的自信心不夠。最好這樣說：「這就是我的建議。」

- **不要說「錯」，而要說「不對」**：一位同事不小心把一份工作計畫浸了水，正在向客戶道歉。你當然知道，他犯錯惹惱了客戶，於是你對他說：「這件事情是你的錯，你必須承擔責任。」這樣一來，只會引起對方的厭煩心理。你的目的是調和雙方的矛盾，避免發生爭端。所以，把你的否定態度表達得委婉一些，實事求是地說明你的理由。比如說：「你這樣做的確有不對的地方，你最好能夠為此承擔責任。」

- **不要說「本來⋯⋯」**：你和你的談話對象對某件事情各自持不同的看法。你輕描淡寫地說道：「我本來是持不同看法的。」一個看似不起

眼的小詞，卻不但沒有突出你的立場，反而讓你沒有了立場。類似的表達方式如「的確」和「嚴格來講」等，乾脆直截了當地說：「對此我有不同看法。」

◆ **不要說「幾點左右」，而要說「幾點整」**：在和一個重要的生意夥伴通電話時，你對他說：「我在這週末左右會再給您打一次電話。」這就給人一種印象，覺得你並不想立刻拍板，甚至是更糟糕的印象——別人會覺得你的工作態度並不認真。最好是說：「明天 11 點整我再打電話給您。」

◆ **不要說「務必……」，而要說「請……」**：你不久將要把自己所負責的一份企劃交上去。大家壓力已經很大了，而你又對大家說：「你們務必再考慮一下……」這樣的口氣恐怕很難帶來高效率，反而會給別人造成壓力，使他們產生叛逆心理。但如果反過來呢，誰會去拒絕一個友好而禮貌的請求呢？所以最好這樣說：「請再考慮一下……」

多用正面詞語，對方就會認為你是個樂觀、積極的人，大家都喜歡和積極樂觀的人打交道。積極的人敬業樂觀，願意接受新鮮的點子和面對挑戰。同時，因為他們對自己有信心，所以也較能接納、讚美別人。讓自己的思想、語言、文字及行為都表現出積極樂觀，別人會因你的言語、行為而肯定你是一個了解自己，並能掌握自己人生的人。如此，你的人緣或成功的機會必定會大幅提升。

妙語點睛

> 在用詞上，要注意感情色彩，多用褒義詞、中性詞，少用貶義詞。

十個細節幫你贏得好人緣

　　優雅、得體的談吐可以幫助你在社交場合中遊刃有餘、盡顯魅力；展現深厚的涵養，充分展示你的自我風采；迅速走進他人的心靈世界，受到他人的尊重和愛戴，成為人際圈裡的焦點人物。好人緣是一個人的巨大財富。有了它，事業會順利，生活會如意。下面十個小細節，可以助你一臂之力。

▋ 見人主動打招呼

　　小張性格清高，從不主動和別人打招呼，每次遇到熟人也總是點點頭而已。大學畢業前夕，每個同學都有幾個好朋友聚在一起依依惜別，只有他一個人孤零零地無人理睬。

　　步入職場後，他依然如故，總是一副冷漠的表情。有一天，他在路上碰見了同事小崔，看到對方滿面春風的樣子，他就隨口問了一句：「小崔，是不是有什麼喜事啊？這麼高興？」

　　小崔興奮地回答：「是啊，我馬上就要結婚了。」

　　小張客氣了一句：「是嗎？恭喜啊。需要幫忙嗎？」

　　沒想到小崔想起小張字寫得好，就說：「小張，你的字寫得好，能不能幫我寫幾份請帖？」

　　「當然沒問題了。」小張回答，「舉手之勞嘛！」

　　事後，小張和小崔成了很好的朋友。嘗到甜頭的小張從此也變得開朗、熱情起來，見了別人總是主動打招呼，人緣也越來越好。

▋ 不要詢問對方的家庭背景

　　和人交朋友最好不要打聽人家的家庭背景。社會在發展、觀念在進

步，現代人覺得，總是詢問別人的家庭背景是不禮貌的，也顯得過於勢利。

　　儘管不問家庭背景和收入這一交際原則在歐美已經是基本的禮儀，可是我們還是經常能碰到一些不知趣的人總是愛詢問這個問題，讓人答也不好，不答也不好。尤其對於愛面子的人來說，收入高低有時候關係著自己受別人尊重的程度，說自己的收入很高吧，傷了別人的自尊心，甚至讓人眼紅忌妒；要說自己收入很低吧，別人又覺得自己沒本事。所以，設身處地來講，這個問題還是不要問的好。這也是關乎個人修養的問題。

▌讓朋友們了解自己

　　小靜人不錯，工作也很努力，但是在公司人緣始終不是太好。原來，她從來都不在同事們面前談論自己的事，同事們甚至連她有沒有男朋友、結沒結婚都不知道。平時大家在一起七嘴八舌，有的談自己在家裡如何跟兄弟姐妹吵架，有的談自己老公這樣那樣的小毛病，有的談自己週末和朋友買了什麼什麼東西。可是小靜呢，總是閉口不談自己的私生活，神神祕祕，只是聊聊一些無關痛癢的公共話題。所以，久而久之，大家覺得她不敞開心扉，難以接近，也難以了解，自然都跟她不親密了。

　　有時候，向別人講述一些自己的情況可以增進了解、增加親密感，從而消除那些由於陌生而帶來的距離感。像老公睡覺打呼啊、兒子上學偷偷交女朋友啊、女朋友耍小脾氣啊等，都可以拿來說一說，一來可以讓別人更了解你的喜怒哀樂，二來可以讓別人幫忙一起討論解決的方案，三來讓別人認為你性格直爽、內心敞亮，何樂而不為呢？當然，我們是要透露一些無關是非的小祕密，但千萬不要賣弄隱私，也不要把別人的隱私拿來聊八卦。

▌ 在細節之處表示體貼

對對方的情緒、生活工作狀況表示關心會很容易贏得好感。當然，關心不能過分，超越兩人的關係，也不能藉此探詢別人的隱私。

甲：怎麼你看上去好像很累？

乙：哦，可能昨天睡得晚了。

甲：是嗎？那你待會躺床上睡一會吧。到我家不用客氣！

乙：呵呵，謝謝。沒事的。

甲：來，先吃點鳳梨，清爽點！

乙：嗯，好的。

▌ 大方接受別人的善意

小王和同學小雪經人介紹去拜訪一位仰慕已久的老師。到了老師家裡，師母親切熱情地給他們一人拿了一個蘋果。因是初次上門，小王有點不好意思，所以再三推辭後接過水果放在桌角。熱情的師母看了看他沒說什麼，不過，卻和接過蘋果就吃的小雪聊了起來。

吃掉主人的東西是對其熱情款待的這份心意的一種最好的肯定，也顯得不生疏。其實，像這樣的情景隨處可見，比如去朋友家做客、在咖啡廳裡碰上朋友，他們會熱情地招呼你入座，然後請你吃東西。這時候最好別不好意思，不如大大方方地接受，他們若是真心的，你接受了就表示你接納了他們的熱情，他們會自然地感到你的親切與隨和。

▌ 目送朋友離開

那天晚上，杜鵑從朋友家裡出來，朋友說：「我送送你吧！」她推辭說不用了。朋友就沒有再送。在她走下第三級樓梯時，杜鵑聽到防盜門

「咣當」一聲關上了，她的心頓時一片冰涼。從此，她再見到朋友總覺得有一層隔閡。

目送朋友離開或者一起下樓不僅是出於禮貌，也體現了彼此情感的交流。如果有朋友到你家做客，朋友起身告辭，儘管朋友口中再三說不用相送，但是如果你陪他一起下樓，這一小小的細節會照亮他回家時漫長的道路，從此他心裡就會記住你的盛情。不過，應注意的是，熱情不可過度，如果客人是一對正處於熱戀中的朋友，而他們也再三不要你相送，你只需在看不見他們的身影時輕輕關上門就可以了。

▎及時告知資訊

小藍和小軒同租一個房間，情如姐妹。每次小藍有事出去，如果小軒不在，她都會寫一張紙條或發個訊息告訴小軒，例如：「今天下班公司聚餐，晚上不回來吃飯，妳自己吃吧！」小軒有事時也會及時通知小藍：「收據就放在左邊第二個抽屜，別忘了。」這樣一來，彼此都會對對方的行蹤有所了解，不會憑空亂著急。

跟你身邊親密的人互通資訊，這樣萬一有急事，別人也能找到你，不至於耽誤事情；而且，萬一你遇到意外情況，也會有朋友及時給予你幫助。

▎保持適當距離

如果因為兩個人關係親密、不分彼此，常常不請自來，三天兩頭登門，甚至賴在人家家裡不走，就是沒有拿捏好交往的分寸。人家可以忍你一天、兩天，但是時間久了，必定就會對你生厭。每個人都需要私人空間，所以兩個人之間，彼此尊重、給人留下足夠的空間是必須的。長久而完美的人際關係往往是君子之交淡如水，像一杯清茶，自在氤氳，絕不喧囂。

▍學會變通，不可一味一本正經

　　沒有人喜歡滑頭滑腦的人，但是一味板著臉、過於嚴肅認真的人，也不會太受歡迎。做人當然要實實在在，做事也當然要規規矩矩，但是，千萬要記得「講人情」，要學會講理，更要學會講情。事情是死的，人是活的，很多原則性很強的事情換一個方法來做，會更容易讓大多數人接受。這就是應變能力。

　　這個世界，每個人都有自己的一套原則，你想讓大家接受自己的原則，不可能，也沒必要。他有他的原則，你有你的原則，不一定要完全相同，但要彼此尊重、互相包容，然後再達成一致。當然，這不是要你當「和事佬」，也絕對不是讓你「和稀泥」，而是要理和情兩者兼顧，既掌握原則，又把話說到，讓人能夠很好地接受。

▍不要打探別人的隱私

　　好奇是人的天性，但是作為一個成熟的人，應該學會控制自己的好奇心。為什麼現在人們對「狗仔隊」深惡痛絕？因為人們不喜歡每天生活在別人的監視下。為什麼到了晚上，家家戶戶都拉上窗簾？因為人們不希望在別人的窺視下生活，希望享受自己的私密空間。

　　況且，很多事在自己說來無所謂，可是放到大庭廣眾之下，就變得非常可笑，這樣類似的事情是不希望別人知道的。所以，除了對很親近的人或者很熟悉的朋友之外，一般不要去詢問別人的私生活。有時即使是為了表示自己的關心，也要先徵得別人的同意，等別人自願告訴你。假如對方願意把事情告訴你，你千萬不要把那些「私事」到處傳播。

　　以上十個細節只是指導性的意見，還需要去實踐、去體會，才能發揮

良好的功效。希望這些細節上的小建議能夠幫助你順利、愉快地與人交往，讓你贏得寬廣的人脈！

妙語點睛

> 人生的成敗在於溝通，溝通的成敗在於細節。注重細節的人，往往在溝通中比別人領先一步。

十個過失讓你前功盡棄

溝通中，有一些細節你稍有不慎，就可能面臨失敗的結局。這些細節被稱為溝通中的致命過失。因為它們很容易毀掉我們的人際關係，從而導致猜測、誤解、惱怒、挫折，使溝通被完全破壞。

不幸的是，我們每天都發現這些過失在我們身邊上演。對於我們來說，承認這些過失是很容易的，但是在彼此的溝通中，想要徹底避免又很難。

如果你想成功地進行溝通，你最好避免以下十種過失。對於下述的每一種過失，思考一下，你是否在溝通中也存在著這些過失？

▌評價

當我們對另一個人做出肯定或否定的判斷時，這暗示著我們認為在某種程度上，我們比他們「好」。而當我們以一般方式而非特殊方式評價別人時，尤其會這樣。「你是一個好人」或者「你真令人失望」，這兩種評價都是無益的。因為這是一般性的評價，這會使接受者覺得，他們被輕視了，因

此才得到如此簡單的評價。所以要避免一般性的泛泛而論，比如：「你不懂得體貼別人」；或者「如果你打算去那裡，你需要做出更多的承諾」。

在表揚或批評時要具體化。在沒有說明原因前，不要說你喜歡什麼或不喜歡什麼。要保留事實，而不是觀點和解釋。用一些中性詞彙以及你的肢體語言、語音、語調和適合你使用的詞彙傳遞你對他人的尊敬。

▋ 說教

講道理、責備、羞辱以及抓住過去的事情不放，都是說教的形式。這肯定會把好的溝通引入深淵。

當我們認為自己比別人知道得多，或者經驗更豐富，或者價值觀更優越時，我們往往會變得嚴肅、自大，開始講道理。但因為我們對他人的價值觀並不完全了解，我們的說教未必是中肯和受歡迎的。

不要說教，盡量「穿他們的鞋走一段路」。你越這麼做，你可能越不會去教訓別人，而更傾向於欣賞、重視和接受。用積極的傾聽技巧幫助人們揭示其處境。如果他們想徵求你的建議時，他們也會這麼做的。

責備和羞辱是兩種常見的說教方式。如果某人犯了錯，我們是否應該譴責他們，讓他們感到滋味不好受呢？還是應該向他們指出什麼地方出錯了以及如何改正呢？既然人們通常並非有意地犯錯，那就應該著眼於將來，幫助他們避免下次犯類似的錯誤無疑是更好的做法。

指出別人的錯誤是一件很「誘人」的事情，一旦我們習慣於此，很容易抓住過去的事情不放，讓人重新回憶和體驗他們做錯的事情，或我們不讚賞的事情。這樣做很不好。

▍標榜

在一個組織或一個團體中，你或許聽到過下面一些評論：

「你沒有完全理解。」

「你的問題是……」

「你是一個妄想的人。」

「你是一個懶惰的人。」

「你努力得不夠。」

在交流中像這類「標籤」式的評論給人一種居高臨下的感覺。這種喜歡標榜、評論的人或他們的行為方式，常常使交流處於危險的境地。

要抵制這種行為方式。如果你想改變對方所說的或所做的，那麼就要清晰地陳述你所聽到的或看到的，僅僅陳述事實，不要加任何的解釋和「標籤」式的評語。如果你覺得必要，可以告訴他們這種行為的後果。

▍諷刺挖苦

儘管諷刺挖苦是文化生活中的一部分，但是諷刺是帶有攻擊性的，即使是友善的嘲弄，有時也會失去友情，產生有害的情緒。諷刺挖苦抑制了開放式的交流，它是荒謬、侮辱的代名詞，它將導致同樣的後果。直截了當地表達你想要說的，而不要以譏諷的評論來掩飾你的想法。

▍命令

命令是當你告訴某人要做某事時，用的是一種不容商量的口吻，不給人留任何的餘地。你的命令使得其他人感覺他們就像機器一樣。如此命令的結果是，要麼引起一場爭鬥，要麼是憎惡的屈服，這取決於你當時的地位。下一次當你又要說「你必須……」時，請你停下來，尋找更好的方式

269

來傳遞你的資訊。

　　另一種更微妙的命令形式是「強加於人」，通常你很禮貌地運用富於邏輯的陳述，你設想別人都同意你的觀點，實際上你沒有給他們發表意見的機會，而使談話非常簡潔迅速。你用威嚇的方式使別人屈從於你的觀點。

　　應該運用你的神態和習慣用語，使別人比較容易理解你想做什麼或不想做什麼，並提出改進意見。只要可能，關注你想要的結果。並且讓別人決定他們應該採取什麼行動。

　　如果你發現你自己正在引出一場迅速獲得你想要的結果的談話，問問你自己是否強加於人了，還是以威懾力量使別人屈服了。如果是這樣，你想想自己應該做些什麼？

　　聽聽別人的意見，看看是否能幫助你更有效地達到你的目的，促進相互關係。

▌倉促行事

　　命令的一種更隱蔽的方式是倉促行事。我們通常假設別人是贊成的，而沒有給他們真正的機會來表明自己的觀點，然後就看似很有禮貌地做出斷言。透過迅速地進行談話，我們迫使他人屈從於我們的觀點。

　　如果你沒有給別人講話的機會，不要太過匆忙。尋找一些「點頭」、「嗯」等語言和非語言的暗示別人態度的信號。如果有必要，停下來詢問別人是否贊成你，或者有什麼要補充的想法。如果你發現自己把談話迅速地引向你想要的結論，自問是否在犯倉促行事的錯誤；如果是，那這是你想要的方式嗎？它能更好地服務於你的目的嗎？聽聽他人的意見是否對你們的關係更有好處？

▌威脅

以「如果你不這樣做，就……」或「你最好……」相威脅，不論是直接的，還是巧妙的，都暗示了一種資訊即「否則會怎樣」，威脅不僅使人們警惕起來，也為溝通留下縫隙，因為大多數人總是尋找防禦威脅的方法，尋找不服從的方法。

如果理由正當，你可以向人們說明為什麼要這樣做而不那樣做，把結果明確地、公正地告訴大家，要鼓勵而不要威脅。

▌多餘的勸告

有些短語像「你將會……」、「你應該……」、「你試一下，如果你聽從我的勸告，你將會……」我們上下嘴唇一碰，有可能使我們就像道學家、傳教士或是在演講一樣。

如果人們需要我們的勸告，他們會尋找我們的幫助，那時他們會認真地傾聽。否則如果是我們強加於他們的，那麼我們的勸告或許被忽略，或許被當作耳邊風。

如果你一定要給予別人一些勸告，那麼首先要徵得允許，你該這樣說：「你不介意我提個建議吧」，或者說：「你想聽聽我對那個問題的看法嗎？」

▌模稜兩可

如果我們不能一語中的，人們就會猜測我們真正的意思和我們的需求。而人們的心理感受應是不相同的，所以人們往往猜錯。

要具體，不要模稜兩可！溝通中的模稜兩可還包括你所說的並不是你自己擁有的資訊。比如「每個人都知道……」、「大多數人都同意」，這些都沒有明確表達出你的態度。

▌轉移話題

　　當交流變得情緒化或個性化，或當有人隱藏他們真實的自我時，我們會感覺很不舒服，並且也將談話內容表面化。這些都將導致行為的轉移，使講話者改變話題。

　　我們不能強求每次與他人的談話都具有深刻的意義，但從另一方面來說，交流有時為我們提供更多原來我們不知道的資訊和個人見解。一個團隊的成員，一起工作的同事，應該能夠交流自己的需求，談一些個人問題，成功的交流不應阻止人們的這種願望。

　　要以相互尊重為基礎。避免趾高氣揚，不要對他人指手畫腳。避免離題萬里，不要說那些空洞無物的陳詞濫調。

　　用一些毫無意義的話安慰或同情別人也是轉移話題的表現，也會使我們遠離溝通的目標，把雙方的關係維持在一個很淺薄的層次上。

　　「明天你的感覺就不一樣了。」

　　「我真為你難過。」

　　這些話不會有什麼效果，因為都是一些無的放矢的話。

　　交際能力是練出來的，只有在不斷的溝通實踐中去多多體會、多多揣摩、多多練習，相信你一定可以成為一個溝通高手！

妙語點睛

> 在溝通過程中，一定要保持頭腦清醒，切勿粗心大意、無話不說，否則你一旦踏入雷區，就會前功盡棄。

因為實話太傷人，所以需要語言包裝學：

攀親式開場 × 敬慕式談話 × 邀請式收尾，空氣安靜也要處變不驚，莫讓冷場寒了眾人的心！

作　　者：俞姿婷，荀偉平

發 行 人：黃振庭

出 版 者：財經錢線文化事業有限公司

發 行 者：財經錢線文化事業有限公司

E-mail：sonbookservice@gmail.com

粉 絲 頁：https://www.facebook.com/
　　　　　sonbookss/

網　　址：https://sonbook.net/

地　　址：台北市中正區重慶南路一段六十一號八
　　　　　樓 815 室

Rm. 815, 8F., No.61, Sec. 1, Chongqing S. Rd.,
Zhongzheng Dist., Taipei City 100, Taiwan

電　　話：(02)2370-3310

傳　　真：(02)2388-1990

印　　刷：京峯彩色印刷有限公司（京峰數位）

律師顧問：廣華律師事務所 張珮琦律師

-版權聲明

本作品中文繁體字版由五月星光傳媒文化有限公司授權台灣崧博出版事業有限公司出版發行。未經書面許可，不得複製、發行。

定　　價：375 元

發行日期：2023 年 03 月第一版

◎本書以 POD 印製

國家圖書館出版品預行編目資料

因為實話太傷人，所以需要語言包裝學：攀親式開場 × 敬慕式談話 × 邀請式收尾，空氣安靜也要處變不驚，莫讓冷場寒了眾人的心！/ 俞姿婷，荀偉平著 . -- 第一版 . -- 臺北市：財經錢線文化事業有限公司 , 2023.03
面；　公分
POD 版
ISBN 978-957-680-600-1(平裝)
1.CST: 人際傳播 2.CST: 溝通技巧
177.1　　112001396

電子書購買

臉書